시골의사 복음

시골의사
복음

시골 쪼매난 의원에서
마음을 다해 진료중

시골의사 지음

규장

여는 글

일단 시작해야 비로소 보이고 알게 되는 것들이 있습니다. 유튜브를 시작해 보니, 제가 얼마나 잘 모르면서 아는 체해 왔는지를 알게 되었습니다. 글을 쓰기 시작하고 나서, 제 신앙생활이 얼마나 부족했는지도 깨달았지요.

아내는 교회학교 교사를 맡고서야, 하나님께서 자신과 아이들을 향한 하나님의 시선을 알았다고 합니다. 아이들은 성경 암송을 시작하고 나서야, 말씀을 외우는 일이 얼마나 힘든지 깨닫게 되었고요.

성경 속 사람들도 마찬가지였습니다.

노아는 방주를 지은 후에야 그의 가족이 인류의 새로운 시작점이 됨을 알았습니다.

아브라함은 아들 이삭을 제단에 올려놓고서야 하나님의 예비하심을 경험했습니다.

이스라엘 백성은 어린 양의 피를 문설주에 바르고서야 하나님의 보호하심을 보았습니다.

모세는 지팡이 쥔 손을 바다로 뻗었을 때, 하나님께서 바다를 가르시는 걸 볼 수 있었습니다.

여호수아는 여리고 성을 열세 바퀴 돈 후에야 하나님께서 그 견고한 성을 무너뜨리시는 걸 목격했습니다.

나아만 장군은 요단강에 몸을 일곱 번 담근 후에야 나병이 깨끗이 나은 걸 보았습니다.

베드로는 말씀에 의지해 그물을 던진 후에야 그물이 찢어질 만큼 물고기가 잡히는 기적 속에서 예수님의 능력을 온 몸으로 체험했습니다.

가나 혼인 잔치의 하인들은 항아리를 물로 가득 채운 뒤에야 그것이 포도주로 변하는 기적을 맛보았습니다.

저는 한 가지 바람이 있습니다. 이 책을 읽는 여러분도 무언가를 새롭게 시작했으면 좋겠습니다. 그 시작을 통해 하나님께서 보여주시는 새 일을 발견하고, 깨닫고, 누렸으면 좋겠습니다. 그 경험이 여러분의 삶을 붙들고, 변화시키기를 기대합니다.

각 글의 끝에는 성도라면 누구나 궁금해 할 만한 몇 가지 질문을 덧붙였습니다. 교회 소모임이나 친교 모임에서 자유롭게 생각과 경험을 나누고, 모르는 부분은 목사님에게 질문하며 답을 찾아가 보세요. 이 책을 통해 여러분의 신앙이 더욱 깊어지고 자라나기를 진심으로 바랍니다.

여는 글

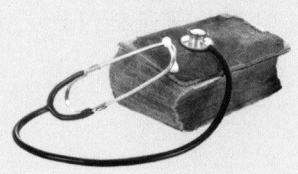

닫는 글

용서

　종합병원 호스피스 병동에서 주치의로 근무하면서 느낀 점이 있습니다. 호스피스 병동은 말기 암 환자들이 주로 생의 마지막 시간을 보내는 곳으로, 대부분의 환자가 결국 죽음을 맞으며 퇴원합니다. 주치의로서 환자의 임종이 임박하거나 상태가 급격히 나빠지면 보호자에게 연락해서 말합니다.

　"지금이 마지막일 수 있습니다. 임종을 지켜보시는 게 좋겠습니다."

그런데 생각보다 많은 보호자가 이렇게 대답합니다.

"가족관계를 끊었으니 연락하지 마세요."
"죽든지 살든지 상관없습니다."

자기 부모나 형제인데도 말이지요. 물론 저마다 말 못할 사정이 있겠지만, 죽음을 앞둔 사람 앞에서까지 용서하지 못하는 현실을 보며 마음이 무거울 때가 많았습니다.

'용서'는 제게도 참 어려운 일입니다. 늘 시간이 걸리고, 쉽게 풀리지 않는 숙제처럼 남아 있지요. 누군가 무심코 던진 말 한마디, 의도치 않은 행동, 작은 피해에도 민감하게 반응하고 분노하며, 스스로 상처받는 저를 봅니다. 용서는커녕 마음의 문을 닫고 살아가는 제 모습을 말입니다.

사람을 구원하기 위해 인간이 되신 예수님은 자신을 조롱하여 침 뱉고, 매질하고, 결국 십자가에 못 박은 자들을 용서하셨습니다.

"아버지, 저 사람들을 용서하여 주십시오. 저 사람들은 자기네가 무슨 일을 하는지를 알지 못합니다"(눅 23:34 새 번역).

죽음의 고통 속에서도 예수님은 먼저 용서하셨습니다. 생명을 내어주시며 우리에게 주신 사랑이었지요. 그 값없는 은혜 앞에 서면, 제 안의 분노와 미움이 얼마나 작고 보잘것없는지 보이기 시작합니다.

우리는 때로 너무 아프고 억울해서 도저히 용서할 수 없다고 느낍니다. 그러나 예수님의 십자가를 바라볼 때, 용서란 억지로 참고 견디는 것이 아니라, 오히려 내가 먼저 자유롭게 되는 길임을 깨닫게 되지요.

우리의 상처와 분노를 하나님께 맡기고, 용서할 수 있는 마음을 달라고 기도하면 좋겠습니다. 그래서 마음

한구석에 웅크리고 있던 미움과 억울함에서 벗어나 참된 평안과 자유함을 누릴 수 있었으면 정말 좋겠습니다.

서로 친절하게 하며 불쌍히 여기며
서로 용서하기를 하나님이 그리스도 안에서
너희를 용서하심과 같이 하라

에베소서 4장 32절

· 시골의사 질문 ·

Q1 용서하지 못하는 사람이 있습니까? 무엇 때문에 그를 용서
하기 힘든가요?

Q2 살면서 어떤 일까지 용서해 보았나요? 반대로 어떤 일까지
용서받아 보았습니까?

Q3 하나님은 나의 어떤 죄까지 용서하시는 분인가요?

Q4 하나님이 우리에게 서로 용서하라고 하시는 이유는 무엇이
라고 생각하나요?

같이
가자

제게는 초등생 두 딸이 있습니다. 가끔 딸들과 함께 강변에서 자전거를 타고, 뒷산으로 산책하러 가고 싶지만, 요즘은 아이들이 잘 따라나서지 않으려 합니다. 또래 친구들과 어울리거나 좋아하는 게임을 하거나 유명 연예인의 춤을 따라 추는 게 더 즐거울 때가 된 거지요.

'이제 아이들과 온전히 시간을 보낼 수 있는 날도 얼마 남지 않았구나.'

문득 이런 생각이 스치면 조금 울적해지기도 합니다.

제 아버지는 오랫동안 군인으로 근무하셨습니다. 어린 시절, 아버지가 집에 종일 계시는 날은 많지 않았습니다. 그런데 가끔 휴무일이면, 아버지는 저와 동생에게 조심스레 물으셨지요.

"아빠 산에 갈 건데, 같이 안 갈래?"

처음엔 별말 없이 잘 따라나섰지만, 점점 자라면서 등산이 힘들고 재미없다며 거절하곤 했지요. 그러면 아버지는 몇 번 더 권하다가 아쉬운 얼굴로 혼자 산에 다녀오시곤 했습니다.

지금 생각해 보면, '아버지와 손잡고 산에 좀 더 자주 갈 걸' 하는 마음이 듭니다. 자녀를 낳아 키워보니 아버지의 아쉬움이 조금은 이해가 됩니다.

우리의 진짜 아버지이신 하나님께서도 우리에게 이렇게 말씀하시는 것 같습니다.

"같이 가자. 너와 함께 걷고 싶구나."

하지만 우리는 그 부르심보다는 내가 좋아하는 것과 관심사를 따라 살려고 할 때가 많습니다. 어쩌면 하나님의 손을 놓고 혼자 애쓰며 살아가는 게 익숙해졌는지도 모르겠습니다. 이 땅에서 살 시간도, 하나님의 부르심에 응답할 시간도 많지 않은데 말입니다.

이제는 그 부르심에 순종할 수 있으면 좋겠습니다. 처음에는 어색하고 어렵겠지요. 어쩌면 큰 용기가 필요할 수도 있습니다. 그분과의 동행이 혼자 가는 것보다 훨씬 힘들지도 모릅니다. 그러나 우리의 작고 불완전한 삶을 주님께 내어드리고 그분과 함께 걷기 시작할 때, 이전에 경험하지 못한 평안과 안식을 누릴 수 있을 겁니다.

사소한 일상에서도 감사와 기쁨을 발견하고, 지치고 외로운 인생길 위에서도 우리를 향한 하나님의 깊은 사랑과 세심한 돌보심을 알게 될 것입니다.

사람아 주께서 선한 것이 무엇임을

네게 보이셨나니

여호와께서 네게 구하시는 것은

오직 정의를 행하며 인자를 사랑하며

겸손하게 네 하나님과 함께

행하는 것이 아니냐

미가서 6장 8절

Q1 부모님과 가장 멀리 가본 곳은 어디입니까? 그 일을 추억하면 어떤 마음이 드나요?

Q2 하나님이 내게 함께 가자고 하시는 곳이 있습니까? 그 부르심에 어떻게 응답하고 있나요?

Q3 나는 하나님을 어디까지 따라갈 수 있나요?

기도

    기도는 늘 어렵게 느껴집니다. 교회는 오래 다녔지만, 기도를 어떻게 해야 하는지 구체적으로 배워본 적이 많지 않습니다.

    예수님이 가르쳐주신 주기도문을 분석하여 "기도는 이런 틀을 따라야 한다"라는 설명은 여러 번 들었지만, 각자 상황과 마음이 다르기에 형식에 맞추어 천편일률적으로 할 수 있는 게 아님을 알았습니다.

    흔히 기도를 '하나님과의 대화'라고 말하지요. 저는 일상에서 아내와 딸들과 나누는 대화가 가장 많습니다. 그런데 아이들이 자라며 인간관계가 넓어질수록, 아빠인 저와 나누는 대화 시간이 점점 줄어드는 게 서글프기도 합니다.

몇 년 전만 해도 유치원생이던 아이들이 하루에도 몇 번씩 제게 달려와 이것저것을 물었습니다. 미운 친구와 좋은 친구 이야기를 털어놓으며 이럴 때는 어떻게 하고, 저럴 때는 어떻게 해야 하는지 가르쳐 달라고 쉴 새 없이 조르곤 했지요.

또 제가 늦게 들어오는 날이면 아이들은 "아빠, 왜 안 와?", "어디 있어?", "잠잘 때 아빠 손이 필요해"라며 투정을 부리기도 했습니다. 그때는 그것을 종종 귀찮게 여겼는데, 돌이켜보니 그 모든 순간이 그립고, 사랑스러웠다는 걸 깨닫습니다.

자녀가 자라서 깊은 대화를 나누는 것도 물론 좋지

만, 함께 일상을 나누고, 도움과 지혜를 구하며, 내가
자녀를 사랑하듯 자녀도 나를 사랑한다는 걸 느끼게 해
주는 대화도 더없이 소중합니다.

하지만 때로 아이들은 자신이 원하는 것만을 고집하
며, 그것을 사달라고 조를 때가 있습니다. 부모 눈에는
당장 꼭 필요하지도 않고, 오히려 해가 될 게 분명한데도
말입니다. 그런 상황에서 아무리 설명하고 날래노 아이가
끈질기게 요구하면, 대화를 피하고 싶어지기도 합니다.

문득 '나도 하나님께 그저 내 욕심을 채우려는 기도만
을 올렸던 건 아닐까?' 하는 생각이 들었습니다. 그랬다
면 하나님께서도 제 기도가 달갑지 않으셨을지도 모르
겠습니다.

기도가 힘들게 느껴졌던 이유는, 제가 말하기만 했기
때문인 것 같습니다. 기도가 하나님과의 대화라면, 제
말만 쏟아낼 게 아니라 하나님의 음성에도 귀 기울여야

하지 않을까요. 그래서 요즘 저는 기도를 바꾸려고 노력
합니다.

먼저, 성경을 읽습니다. 말씀을 읽다 보면 저를 향한
하나님의 마음이 느껴지곤 합니다. 그 말씀을 붙들고 내
생각과 감사와 궁금증 그리고 죄를 주님께 아룁니다. 이
렇게 하니 기도가 분명해집니다. 무슨 말을 해야 할지 머
뭇거리지 않습니다. 똑같은 말을 기계처럼 반복하지도
않게 됩니다. 무엇보다, 기도 시간이 기다려집니다.

우리의 기도가 내가 원하는 말을 쏟아내는 시간이 아
니라, 하나님께서 내게 하시는 말씀에 귀 기울이고, 그에
응답하는 시간이 되었으면 좋겠습니다.

여호와께서 임하여 서서 전과 같이
사무엘아 사무엘아 부르시는지라 사무엘이 이르되
말씀하옵소서 주의 종이 듣겠나이다 하니
사무엘상 3장 10절

Q1 기도를 얼마나 자주 하나요? 주로 어떤 기도를 하나요?

Q2 기도란 무엇이라고 생각합니까? 기도가 힘들게 느껴지진 않나요?

Q3 기도와 관련한 특별한 경험이 있습니까?

Q4 기도해도 응답이 없을 때, 그것을 어떻게 이해하고 받아들이나요?

애벌레
껍데기

여름에 나무를 올려다보면 매미 애벌레 껍데기가 여기 저기 붙어 있는 걸 볼 수 있지요. 그 껍질은 항상 등이 터진 채 나뭇가지에 매달려 있습니다. 애벌레 껍데기를 보며 생각했습니다.

'이 매미도 올여름 힘껏 울었겠구나.'

죽은 애벌레였다면 껍질은 남아 있지 않았을 겁니다. 살았기에 껍질을 벗고 자유롭게 날아올랐겠지요.

저는 하나님을 믿은 후, 죽음이 끝이 아님을 알게 되었습니다. 죽음 이후에 영원한 생명이 기다리고 있다는 것도 믿습니다. 그런데도 여전히 죽음의 순간이 두렵습니다. 제 죽음은 물론이고, 사랑하는 이들의 죽음은 상상하고 싶지도 않습니다. 여러분도 그렇지 않나요?

병상에서 수많은 환자의 마지막 순간을 지켜보았습니다. 사망 선고를 내린 것만 해도 오십 번이 넘을 겁니다. 그 순간마다 떠오르는 생각이 있습니다.

'죽었지만, 죽지 않았다.'

죽음을 마주할수록, 영혼이 떠난 육체를 바라볼수록 이 느낌이 더 강해졌습니다. 의학적으로나 과학적으로 설명할 수 없는 그 느낌. 마치 안방 문을 열고 나가면 넓은 거실이 펼쳐지는 단순한 동선처럼, 죽음이 끝이 아니라 새로운 공간을 여는 문처럼 느껴졌습니다.

애벌레가 거추장스러운 껍데기를 벗어야만 매미가 되어 자유롭게 날아오르듯, 우리의 영혼도 언젠가 육체를 벗고 주님 곁으로 나아갈 겁니다. 그리고 예수님이 다시 오실 때, 우리는 온전한 모습으로 다시 만나겠지요. 이것이 하나님을 믿는 성도가 품는 소망입니다.

하루하루 살아내기가 많이 힘들지요? 저도 그렇습니다. 그러면서도 한편으로는 아쉽습니다. 하루하루 의미를 찾기 힘든 삶이 흘러가는 것, 자녀들이 자라서 부모를 벗어나고, 부모는 점점 나이 들어가는 시간들이 말이지요. 곧 썩어 없어질 제 껍데기를 위해 이토록 열심히 살고 있는 건 아닌지 후회도 됩니다.

우리의 삶이 언젠가 끝나는 것처럼 보여도, 하나님께서 예비하신 영원한 생명의 문이 우리 앞에 열려 있습니다. 매일 이 소망을 마음에 품고 감사하며 살아가면 참 좋겠습니다.

예수께서 이르시되

나는 부활이요 생명이니

나를 믿는 자는 죽어도 살겠고

무릇 살아서 나를 믿는 자는

영원히 죽지 아니하리니

이것을 네가 믿느냐

요한복음 11장 25,26절

Q1 '죽음'은 내게 어떤 의미(생각이나 느낌)인가요?

Q2 죽음 후에 어떤 일이 있을 것 같습니까?

Q3 내가 영적 존재라는 걸 어떻게 알 수 있습니까? 그런 경험
이 있나요?

Q4 내 육체(몸)를 위해 산다는 건 내게 어떤 의미가 있습니까?

단체
구보

저는 달리기를 안 좋아합니다. 너무 힘듭니다. 숨이 턱까지 차오르게 뛰고 나면 입안에서 피 맛이 나는데, 그 느낌을 썩 좋아하지 않습니다. 그런데 살다 보면 억지로 뛰어야만 하는 순간이 옵니다.

'단체 구보'를 아나요? 주로 군대에서 단체로 뛰어 이동하거나 체력 증진을 위해 함께 달릴 때 쓰는 단어입니다. 대학 시절, ROTC 과정을 거치면서 학교 주변과 부산 태종대를 낮이고 밤이고 동기들과 뛰어다녀야만 했습니다.

신기하게도, 함께 뛰니 견딜 만했습니다. 비록 원하는 속도로 뛸 수 없고, 앞뒤 좌우로 오와 열을 맞추어 뛰는 것도 쉽진 않았지만, 혼자가 아닌 같이 군가를 부르며 발맞추어 뛰니 오히려 재미가 있었지요.

단체 구보의 철칙은 '낙오자가 없어야 한다'는 겁니다. 그러려면 앞에서 뛰는 조교의 역할이 중요합니다. 숙련된 조교는 교육생들에게 맞는 최적의 속도를 찾아 페이스를 조절해 줍니다. 물론 뒤에서 뛰는 조교의 역할도 중요합니다. 뒤처지는 교육생의 등을 밀어주며 힘을 북돋아 주어야 하니까요.

단체 구보에서 가장 중요한 건, 함께 뛰는 동기들을 살피는 일입니다. 앞뒤 좌우에 힘들어하는 동기가 있으면 팔짱을 끼고 끌어주며 배낭을 대신 짊어질 줄 알아야 합니다. "할 수 있다, 같이 가자, 완주할 수 있다"라고 응원해 줘야 합니다.

신앙 공동체도 마찬가지입니다. 어떤 성도는 앞에서 끌어주고, 어떤 성도는 뒤에서 밀어주며, 경건의 틀 안에서 오와 열을 맞추어 한 몸처럼 달려가는 것이 믿음의 공동체입니다. 앞뒤 좌우를 잘 살펴서 뒤처지는 성도에게 손을 내밀며 함께 달려가야 하지요.

옆에 있는 지체가 무거운 짐을 들고 있다면 대신 짊어질 줄도 알아야 합니다. 할 수 있다고, 같이 가자고, 완수하자고 응원해 주어야 합니다. 좁고 가파른 이 땅에서의 신앙 여정을 모두 완주하려면 이 방법밖에는 없습니다.

문득 제가 낙오자를 끌어주고 있는지 돌아봅니다. 나혼자만 완주하겠다며 힘든 지체를 외면하고 있는 건 아닌지, 끌어주기는커녕 밀어버린 건 아닌지, 발맞추어 뛰기보다 내 속도만 앞세운 건 아닌지, 짐을 덜어주기는커녕 더 얹어준 건 아닌지…. 우리는 혼자가 아닙니다. 우리는 공동체입니다. 하나님이 앞에서 끌어주시고, 예수님이 뒤에서 밀어주시며, 성령님이 하나로 이어주시는 공동체 말입니다. 서로를 붙들고, 격려하고, 짐을 나누어 지며 함께 달려갈 때, 우리는 비로소 완주할 수 있습니다.

그리스도인의 삶은, 함께 뛰는 구보입니다.

두 사람이 한 사람보다 나음은
그들이 수고함으로 좋은 상을 얻을 것임이라
혹시 그들이 넘어지면
하나가 그 동무를 붙들어 일으키려니와
홀로 있어 넘어지고 붙들어 일으킬 자가
없는 자에게는 화가 있으리라
또 두 사람이 함께 누우면 따뜻하거니와
한 사람이면 어찌 따뜻하랴
한 사람이면 패하겠거니와
두 사람이면 맞설 수 있나니
세 겹 줄은 쉽게 끊어지지 아니하느니라

전도서 4장 9-12절

Q1 누구와 함께 달려본 적이 있나요? 혼자 달릴 때와 어떤 점이 다른가요?

Q2 누군가가 내 인생의 짐을 대신 지고 함께 달려준 적이 있나요? 그때 어떤 마음이 들었나요?

Q3 내 주변에 신앙의 낙오자가 있는지 살펴보세요. 그를 어떻게 도울 수 있을까요?

Q4 내가 속한 공동체를 하나님께서 앞에서 끌어주시고 뒤에서 밀어주셔서 하나로 이어주신 경험이 있나요?

미군

    군 복무할 때, 근처에 미군 부대가 있었습니다. 미군을 보면서 '군기가 빠진 군대'라고 생각했습니다. 그들은 군복을 입는 둥 마는 둥, 옷에 주름도 잡혀 있지 않고, 모자도 쓰는 둥 마는 둥, 이름표도 대충 달고 다니고, 경례도 하는 둥 마는 둥, 오와 열을 맞추어 걷는 일도 드물었으니까요.

    겉모습만 보면 '이 사람들이 군인이 맞나'라는 생각이 들 정도였습니다. 그런데 이들은 누가 뭐라 해도 세계 최강의 미군이 아닙니까!

강한 군대란 전쟁에서 이기는 군대입니다. 그러려면 전투와 작전에 능해야 하지요. 미군은 철저히 군대의 본질인 전투와 작전에 충실합니다. 그들에게 칼주름 잡힌 군복이나 반짝거리는 군화, 큰 소리로 경례하거나 줄 맞추어 걷는 행위는 훈련병 때나 필요하지, 전투에 배치된 상태에서는 불필요한 겁니다.

북한을 비롯한 후진국의 군대를 보면 군복이 휘황찬란합니다. 행진도 기가 막히게 잘합니다. 그러나 거기까지입니다. 실력이 없는 군대일수록 보여지는 것에만 집중하기 마련이지요.

사람도 내면이 공허할수록 보이는 것에 집중할 때가 많습니다. 분에 넘치는 명품 옷을 사고, 비싼 차와 넓은 집에 눈이 가고, 젊어 보이기 위해 각종 화장품과 미용 시술을 찾아보며 허전함을 채우려 하지만, 채워지지 않습니다. 밑 빠진 독에 물 붓기지요.

신앙도 그렇습니다. 그리스도인의 본질은 외형적 경건의 모습이나 종교적 행위에 있지 않습니다. 중요한 건, 진실한 믿음과 삶의 열매입니다. 미군이 화려한 군복 대신 전투 능력을 중시하듯, 진정한 그리스도인의 강함은 겉으로 드러나는 경건함이 아닌 하나님과의 깊은 관계에서 비롯됩니다.

믿음에 확신이 없고, 진리에 의심이 생기며, 성령으로 내면이 채워지지 않으면, 우리는 외적인 것에 더 집중하게 됩니다.

큰 성전, 화려한 조명, 좋은 음향과 최고의 방송 시스템이 갖춰져 있어도 주님을 향한 진실한 믿음이 빠져 있다면, 우리의 예배는 공허한 외침이 되고 맙니다.

내 신앙이 껍데기만 남아 있지는 않은지 돌아보세요. 하나님의 말씀과 그리스도의 사랑과 성령의 은혜로 내면이 가득 채워지길 간구하세요. 날마다 주님의 뜻이 우리 삶을 통해 이루어지도록 힘쓸 때, 우리는 세상에서 '빛과 소금'이라 불리게 될 겁니다.

> 주께서 이르시되 이 백성이 입으로는
> 나를 가까이하며 입술로는 나를 공경하나
> 그들의 마음은 내게서 멀리 떠났나니
> 그들이 나를 경외함은
> 사람의 계명으로 가르침을 받았을 뿐이리

이사야서 29장 13절

• 시골의사 질문 •

Q1 나는 내면과 외모 중 어느 쪽에 신경을 더 많이 씁니까? 그 이유는 무엇인가요?

Q2 내 모습이 다른 성도에게 어떻게 보일 것 같습니까? 그 이유는 무엇인가요?

Q3 진정한 믿음은 삶에서 어떻게 드러날까요? 그런 모습을 가진 사람이 주변에 있나요? 무엇을 보고 그렇게 느꼈나요?

종기

    종기가 난 환자를 종종 봅니다. 아주 작거나 금방 생긴 종기는 항생제를 사용해 살살 달래듯 치료하면 대부분 잘 낫습니다. 그러나 가끔 종기가 급속도로 커지는 경우가 있습니다. 그러면 다른 방법이 없습니다. 칼로 절개해야 합니다.

    '조금만 기다리면 낫겠지'라고 생각하다가, 큰 감염으로 번져 심지어 사망하는 일도 있습니다. 절개해야 할 정도로 종기가 커지면 의사는 단호해져야 합니다. 환자가 무서워한다고 시간을 끌어서도 안 되고, 아플까 봐 살

짝만 절개해서도 안 됩니다. 고름을 완전히 제거할 수 있을 만큼 깊고 넓게 절개해야 하지요.

칼로 찢고 고름을 짜낼 때는 분명 고통스럽습니다. 다시는 겪고 싶지 않다는 마음이 들 겁니다. 그러나 고름이 다 빠져나오면, 통증은 이내 사그라들고 상처도 아물어, 결국 안도의 한숨을 쉬게 됩니다.

교회도 마찬가지입니다. 사랑과 인내로 공동체의 회복을 위해 노력해야 할 때가 있는가 하면, 단호해야 할 순간도 찾아옵니다. 작은 병이 온몸에 퍼지는 걸 보고만 있을 수는 없기 때문입니다.

예수님도 때로는 매우 단호하셨습니다. 성전 정화 사건이 대표적인 예입니다. 예수님은 성전 안에서 장사하는 사람들을 보시고는 단호하게 상을 뒤엎으시고 그들을 쫓아내셨습니다. 그들도 생계를 위해 어쩔 수 없었을지 모릅니다. 그러나 예수님은 성전이 기도하는 집이 되기를 원하셨기에 장사하는 행위를 참거나 기다려주지 않으셨습니다.

신앙 공동체 안에는 언제나 작은 종기 같은 문제가 생깁니다. 그럴 때 우리는 사랑과 기도, 대화라는 '항생제'를 사용해 기다리며, 스스로 치유되기를 기대해야 합니다. 그러나 호전되지 않는다면, 더 커지기 전에 단호하게 결단할 필요도 있습니다.

분명 고통스럽고, 피하고 싶은 일일 겁니다. 그러나 그렇게 하지 않으면 공동체 전체가 병들어 더 큰 상처와 분열을 겪을 수 있습니다. 하나님은 사랑이시기에 주님의 몸 된 교회도 사랑과 기쁨만 가득하면 좋겠지만, 때로 그 사랑이 공의로운 칼이 되어 우리를 살리는 역할을 하는 순간도 있음을 기억해야 합니다.

주님께서 보여주신 단호한 사랑을 우리도 본받아야 합니다. 그 사랑은 누군가를 벌하는 데 목적이 있는 것

이 아니라, 더 큰 아픔과 상처를 막아 모두를 살리기 위
한 길입니다.

노끈으로 채찍을 만드사 양이나 소를
다 성전에서 내쫓으시고
돈 바꾸는 사람들의 돈을 쏟으시며 상을 엎으시고
비둘기 파는 사람들에게 이르시되
이것을 여기서 가져가라 내 아버지의 집으로
장사하는 집을 만들지 말라 하시니

요한복음 2장 15,16절

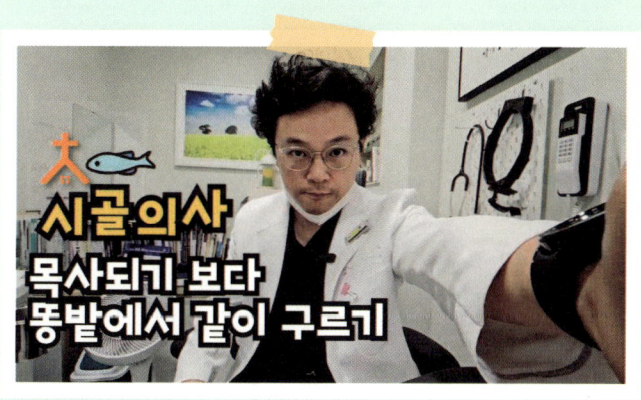

• 시골의사 질문 •

Q1 종기가 나서 치료한 경험이 있습니까? 어땠습니까?

Q2 신앙 공동체 안에서 자라는 종기와 같은 문제는 어떤 것이 있을까요? 지금 그 종기가 자라고 있다면, 어떻게 치료하고 있나요?

Q3 내 안에 숨어 있는 영적 종기는 무엇인가요? 어떻게 치료하고 있습니까?

스피커

    요즘은 언제, 어디서나 온라인으로 설교 말씀을 접할 수 있습니다. 좋은 마이크 덕분인지 설교자의 숨소리까지 생생히 들릴 때가 많습니다. 음향과 영상 기술이 워낙 발달해서 마치 내가 그 현장에 있는 것처럼 느껴지곤 하지요. 그래서 많은 교회가 양질의 말씀을 온라인으로 전하기 위해 스피커나 영상 장비에 아낌없이 투자하는지도 모릅니다.

    하루는 성경을 읽다가 예수님이 말씀을 전하시는 모습을 상상해 보았습니다. 2천 년 전이니, 당연히 마이크도, 스피커도 없었습니다. 많은 무리가 예수님을 따랐다고 성경에 기록된 걸 보아, 예수님은 수많은 사람 앞에서 소리 높여 말씀하셨을 겁니다. 아이부터 노인, 병든 자와 지위 높은 자까지 다양한 사람이 모인 자리에서 예수님의 음성이 과연 모두에게 잘 들렸을지 의문이 들었습니다.

노인들은 귀가 어두웠을 테고, 아이들은 뛰어다녔을 겁니다. 멀리 있는 예수님 얼굴조차 뚜렷이 보이지 않았을 수 있습니다. 그런데도 그들은 방법을 찾았을 겁니다. 조금이라도 예수님에게 가까이 가기 위해 앞자리에 바짝 붙어 앉고, 많은 사람이 더 잘 들을 수 있도록 빙 둘러앉아 귀 기울였을 겁니다.

한마디도 놓치지 않기 위해 침묵 속에서 말씀을 듣고, 어떤 사람은 중요한 단어를 돌이나 땅바닥에 표시했을 수도 있습니다. 들은 말씀을 잊지 않기 위해 서로 물어보며 마음에 새겼을 겁니다. 제자들이 중간중간 서서 말씀을 전달했는지도 모릅니다.

로마의 핍박, 힘든 노동, 위선적인 지도자, 탐욕스러운 이웃, 병들어가는 내 몸… 무엇 하나 의지할 것 없는, 좌절로 가득 찬 그들의 삶에 예수님의 말씀은 구원이고, 희망이고, 위로였을 겁니다.

오늘 우리의 모습은 어떤가요? 선명한 영상으로 고막 바로 앞까지 전달되는 말씀을 듣지만, 정작 내 마음은 말씀에 얼마나 집중하고 있는지 돌아봅니다.

예배가 끝난 뒤 '무슨 말씀이었지?' 하고 기억조차 나지 않는다면, 마이크나 스피커 문제가 아니라 내 마음이 문제인 겁니다.

애초에 들을 마음이 없거나 생각이 다른 데 가 있다면, 아무리 좋은 예배 환경이 갖춰져도 그날 들은 말씀은 내 안에서 의미 없는 파동처럼 소멸할 뿐입니다. 그러나 말씀을 사모하고, 죄를 깨닫고 회개하며, 하나님나라를 향한 소망으로 마음을 연다면, 들릴 듯 말 듯한 희미한 말씀이라도 내 안에 큰 영적 파도를 일으킬 수 있습니다.

그 파도가 나를 변화시키고, 변화된 내 삶을 통해 이웃과 세상을 변화시키는 하나님의 능력이 됩니다. 단지 예배당에 앉아 있다고 말씀이 들리는 게 아닙니다. 마음으로 듣고, 삶으로 반응해야 비로소 그 말씀이 나를 살리는 능력이 됩니다.

가시떨기에 떨어졌다는 것은
말씀을 들은 자이나 지내는 중
이생의 염려와 재물과 향락에 기운이 막혀
온전히 결실하지 못하는 자요
좋은 땅에 있다는 것은 착하고 좋은 마음으로
말씀을 듣고 지키어 인내로 결실하는 자니라

누가복음 8장 14,15절

• 시골의사 질문 •

Q1 나는 예배 시간에 말씀에 집중을 잘하나요, 못하나요? 그 이유가 무엇이라고 생각합니까?

Q2 말씀을 듣고 자신이 변하는 게 느껴지나요, 안 느껴지나요? 그 이유는 무엇인가요?

Q3 예배 환경이 좋아진 만큼, 더 전심으로 예배 드리고 있나요?

수제비

　수제비를 좋아하나요? 수제비를 만들려면 먼저 반죽을 해야 합니다. 고운 밀가루를 소복이 담고 그 위에 적당량의 물을 붓지요. 그러면 물이 금세 스며들 것 같은데, 곱게 간 밀가루일수록 물이 쉽게 스며들지 못하고 서로 분리됩니다. 그것을 보면서 생각했습니다.

　'나도 저렇게 고운 가루가 되면 좋겠다. 그러면 어떤 죄도 침투할 공간이 없을 텐데….'

　눈만 돌리면 세상의 좋아 보이는 것에 시선이 가고, 높은 자리에 오르고 싶고, 좋은 도시에 살고 싶고, 자꾸 남과 비교하게 됩니다. 하나님이 원하시는 모습이 아닌 줄 알면서도 불평불만과 온갖 죄에서 벗어나지 못하는 내 모습을 마주합니다. 물이 틈타지 못하는 고운 가루처럼 죄가 틈타지 못하는 인간이 될 순 없는 걸까요.

죄가 틈탈 수 없는 인간은 단 한 명밖에 없지요. 바로 인간이자 하나님이신 예수님입니다. 구약 레위기의 제사에서 제물로 강조되던 '고운 가루'가 예수님을 가리키는 게 아닌가 생각합니다.

우리도 고운 가루와 같은 삶을 살 순 없을까요? 거칠고 두텁고 까슬까슬한 내 자아가 고운 가루가 되는 방법은 맷돌에 갈리거나 절구에 빻아지는 수밖에 없을 겁니다. 열 번, 스무 번, 백 번 맷돌에 갈리면 갈릴수록 내 거친 자아와 모난 성격이 갈려 나가겠지요.

이건 썩 좋은 경험이 아닐 겁니다. 매우 고통스러울 수도 있어요. 그러나 내 자아가 점점 곱게 갈려서 죄로부터 조금씩 멀어지는 걸 느끼면 잔잔한 기쁨이 내 안에서 샘 솟지 않을까요.

맷돌은 윗돌과 아랫돌로 되어 있는데, 윗돌만 있든지 아랫돌만 있다면 곡식을 갈 수 없습니다. 두 돌이 같은 방향으로 돌아도 안 됩니다. 반대로 돌아야 합니다. 맷 돌에 끼여 갈리는 걸 원하는 곡식은 없습니다. 우리가 살아가는 세상이, 교제하는 공동체가 꼭 맷돌처럼 느껴 질 때가 있습니다.

'내 말을 잘 듣지 않는 연로한 환자들이 맷돌이 아닐 까? 마주치고 싶지 않은 성도, 장로님, 권사님이 맷돌이 아닐까? 나와 생각이 다르고 원하는 게 다른 가족, 직장 동료, 이웃, 친구들이 살아있는 맷돌이 아닐까?'

내 뜻과 정반대로 쉴 새 없이 돌아가는 이 맷돌들이 나를 갈아댑니다. 내 자아를 고운 가루로 만들어 갑니다. 그러는 사이, 나는 예수님을 닮은 모습으로 변해갑니다.

이 맷돌이 없다면 나는 제사에 쓰일 수 없는 거친 곡식으로 버려질 것이고, 이 맷돌을 지나면 고운 가루가 되어 하나님이 기뻐하시는 거룩한 제물이 될 수 있습니다. 이웃에게 나눠줄 수제비의 재료가 될 수 있습니다.

그러기에 우리는 기꺼이 맷돌을 받아들여야 합니다. 세상에 나가야 하고, 사람을 만나야 하고, 신앙 공동체에 속해야 하고, 직장에서 일해야 합니다. 맷돌을 돌리는 이는 하나님이십니다. 나 혼자서 고상한 방법으로는 절대 고운 가루가 될 수 없음을 기억해야 합니다.

누구든지 소제의 예물을 여호와께 드리려거든
고운 가루로 예물을 삼아 그 위에 기름을 붓고
또 그 위에 유향을 놓아
레위기 2장 1절

Q1 내 자아가 맷돌에 갈리는 듯한 기분이 들 때가 있습니까? 언제 그런 느낌을 받나요?

Q2 나에게 '살아있는 맷돌'은 무엇입니까? 그로 인해 어떻게 변화되고 있나요?

Q3 나는 고운 가루가 되기 위해 어떤 노력을 할 수 있을까요?

뇌

여러분은 자신의 뇌를 본 적 있습니까? 의학을 공부하던 시절, 함께 시험을 준비하던 친구가 암기력이 부족한 제게 짓궂게 물었습니다.

"니는 뇌가 있나, 없나? 이것도 못 외우나?"

제게 뇌가 있는지 없는지 본 적은 없습니다만, 저도 뇌가 있다는 걸 몇몇 증거를 통해 알고 있습니다. 첫 번째 증거는 수많은 환자의 MRI를 보니, 다들 뇌를 갖고 있었습니다. 두 번째 증거는 저도 다른 사람과 마찬가지로 생각하고, 기억하고, 사랑하고, 기쁨과 분노도 느끼는 걸 보며 뇌가 있다는 걸 확신했지요.

제 촌집에는 작은 나무가 있습니다. 처음엔 살아있는 나무인지, 죽은 나무인지, 무슨 나무인지조차 알 수 없었습니다. 그런데 시간이 지나고 보니 가지에 작은 열매가 맺혔습니다. 무화과였습니다. 비로소 '살아있는 무화과나무'라는 걸 알았지요.

여러분은 하나님을 본 적이 있습니까? 보이지도 않는 분을 어떻게 믿을 수 있습니까? 저는 하나님이 살아계신 증거를 주변에서 봅니다. 수많은 환자의 MRI에서 뇌를 본 것처럼 예수님을 믿는 수많은 성도의 모습을 통해 하나님을 봅니다.

살아있는 나무가 열매를 맺는 것처럼 그리스도인이 맺는 믿음의 선한 열매를 보면, 하나님의 살아계심을 느낄 수 있습니다. 믿음으로 열매 맺는 그리스도인의 삶 자체가 제게는 바라는 것의 실상이며, 보이지 않지만 분명히 살아계신 하나님의 증거입니다.

저 자신에게 물었습니다.

'나는 하나님이라는 생명나무에 붙어 선한 열매를 맺는 살아있는 가지인가, 아니면 열매도 없이 붙어있는 척만 하는 죽은 가지인가?'

우리의 삶이 세상 사람들에게 살아계신 하나님을 드러내는 산 증거가 되었으면 좋겠습니다.

믿음은 바라는 것들의 실상이요
보이지 않는 것들의 증거니
히브리서 11장 1절

• 시골의사 질문 •

Q1 눈에 보이지 않지만 존재한다고 확신하는 게 있나요? 어떻게 확신하나요?

Q2 하나님이 살아계시다는 걸 어떻게 증명할 수 있나요?

Q3 하나님의 존재를 강하게 경험한 일이 있다면 나누어 봅시다.

Q4 하나님을 믿는 자라면 내게 어떤 열매가 맺혀야 할까요?

손
바꾸기

'중심정맥관 삽입술'은 혈관이 약하거나 중환자에게 주로 하는 시술입니다. 레지던트 시절, 수십 번의 경험을 통해 '이 정도면 꽤 잘하지 않나'라고 생각했던 어느 날, 일이 생겼습니다. 아무리 시도해도 되지 않는 겁니다. 혈관을 여러 번 찔렀지만 결과는 같았고, 시간이 지날수록 초조함과 당혹스러움이 커져만 갔습니다. 그 순간, 지켜보던 후배가 말했습니다.

"선배님, 저와 손 바꿔서 해보시겠습니까?"

이 말을 듣는 순간, 자존심이 상해 차마 바로 넘겨주기가 망설여졌습니다. 그런데 막상 맡겨보니, 단번에 성공하는 게 아닙니까! 그 짧은 순간, 얼굴이 화끈거렸고 자존심은 무너졌지만, 동시에 제 교만을 보았습니다.

매번 무언가를 잘한다고 자만할 때 문제가 생깁니다. 내가 다 맞는 것 같아도, 내가 제일 잘하는 것 같아도, 실상 그렇지 않음을 깨닫는 순간이 찾아옵니다. 제 자존심을 지키려 주삿바늘을 여러 번 찔러대는 동안, 환자는 얼마나 고통스러웠을까요!

삶에서도 마찬가지입니다. 우리가 자만하거나 모든 걸 내 방식대로만 하려고 고집스럽게 굴면, 누군가에게 돌이킬 수 없는 상처를 남길 수 있습니다.

진료를 수십 년 해온 노(老) 의사들은 절대 자기가 다 안다고 말하지 않습니다. 스스로 수술을 제일 잘한다고 자부하지도 않지요. 살아보니, 이런 생각이 얼마나 위험한지를 깨달았기 때문입니다.

'내 힘으로 어떤 유혹도 이길 수 있어.'
'내가 저 사람보다는 믿음이 좋지.'
'내가 저 사람보다는 성경 지식이 많지.'
'내가 저 사람보다 기도도 많이 하고, 하나님 뜻도 잘 알지.'
'내가 받은 은사가 저 사람의 은사보다 훨씬 크지.'

이런 생각이 틈탈 때, 우리도 모르게 교만의 싹이 자라납니다. 그것은 판단을 흐리게 하고, 삶을 위태롭게 만들지요. 이제라도 내 교만한 손을 내려놓고, 하나님의 겸손하신 손을 부여잡는 '손 바꿈'이 필요합니다.

교만은 패망의 선봉이요
거만한 마음은 넘어짐의 앞잡이니라
잠언 16장 18절

Q1 자신이 잘한다고 생각할 때, 실수한 적이 있습니까? 혹은 더 잘하는 사람이 나타난 적이 있습니까? 그때 어떤 생각이 들었나요?

Q2 내가 겸손해야 하는 이유는 무엇입니까?

Q3 겸손과 신앙생활은 어떤 관계가 있을까요?

Q4 겸손함을 닮고 싶은 사람이 있나요? 그의 어떤 모습을 보며 그렇게 생각했나요?

02

좋은 것도
과하면 독

병원을 찾는 환자들이 힘들거나 기력이 떨어졌을 때, 종종 수액을 놔달라고 합니다. 어르신들은 마치 수액이 만병통치약인 것처럼, 명절 이후에는 자녀에게 받은 용돈을 들고 와서 이렇게 말합니다.

"비싼 거, 큰 거, 제일 좋은 걸로 팍팍 놔줘요!"

그러면 저는 이렇게 대답합니다.

"크고, 양 많고, 좋은 걸 많이 넣는다고 다 좋은 게 아니에요. 할머니는 큰 걸 맞으면 오히려 몸이 붓고, 숨차고, 더 힘들어져요. 몸이 감당하지 못한다고요."

그러고는 몸에 부담이 가지 않도록 필요한 영양소를 최소한으로 섞어 작은 수액을 하나 놔드립니다. 그러다 보니 환자에게는 제가 참 답답한 의사일 수 있겠지요.

그들이 원하는 대로 크고 비싸고 좋은 것을 다 섞어주고 돈도 많이 받으면 '명의'로 소문이 날 수도 있겠지만, 그것이 환자에게 해가 된다는 걸 알기에 그럴 순 없습니다.

저도 하나님께 너무 과한 걸 바라고 있지 않은지 돌아보게 됩니다. 더 건강한 몸, 더 높은 자리, 더 많은 재산과 명예를 기대하면서, 정작 진정으로 필요한 걸 구하고 있는지 생각해 보았습니다. 내가 원하는 대로 이루어 주시지 않는다며 하나님을 답답하게 여기진 않는지 말입니다.

하나님은 우리의 필요를 누구보다 잘 아십니다. 더 많

은 것을 주실 수 있음에도, 지나치면 독이 된다는 걸 아
시기에, 오히려 우리를 살리기 위해 우리의 바람대로 이
루어 주지 않으시는 건 아닐까요.

너는 꿀을 보거든 족하리만큼 먹으라
과식함으로 토할까 두려우니라

잠언 25장 16절

Q1 요즘 하나님께 간구하는 게 있나요? 받지 못했다면, 그 이유는 무엇이라고 생각합니까?

Q2 과해도 독이 되지 않는 건 어떤 게 있을까요?

Q3 양심을 지키며 일하다가 도리어 사람들로부터 실력이 없다거나 답답하다는 이야기를 들은 적이 있습니까? 그때 어떤 마음이 들었나요?

말씀의
수술

   수술을 받고 싶은 사람은 아무도 없습니다. 수술은 두렵습니다. 예리한 칼로 내 육체를 가르고, 도려내고, 꿰매는 걸 좋아할 사람이 누가 있겠습니까! 마취해서 의식이 없더라도, 무섭고 소름 끼치는 일이지요.

   그런데도 우리는 수술을 받습니다. 살아야 하기 때문입니다. 물론 수술 후에는 회복의 시간이 찾아옵니다. 비록 아프고 불편하지만, 그 과정에서 우리는 건강을 되찾을 희망을 품습니다.

우리 마음도 때로는 수술이 필요할 만큼 병들어 있을 때가 있습니다. 눈에 보이지 않는 마음의 병은 오히려 눈에 보이는 육신의 질병보다 더 깊고 치명적일 수 있지요. 이런 순간, 성경 말씀은 마치 수술칼처럼 우리 마음을 정교하게 파고듭니다.

성경을 읽거나 설교를 들으며 마음이 불편했던 경험이 있지 않나요? 내 약한 부분이 드러나는 것 같아 숨고 싶거나 외면하고 싶었던 순간 말입니다.

말씀은 우리에게 "원수를 용서하라" 하시지만, 도저히 먼저 손을 내밀기 싫을 때가 있습니다. "가진 것을 이웃과 나누라" 하시지만, 도리어 더 움켜쥐고 싶을 때가 있고, "말하기를 더디 하고 성내기를 더디 하라" 하시지만, 작은 일에도 분노하며 험한 말을 쏟아내곤 합니다.

이처럼 말씀 앞에 서면 우리의 연약함과 교만과 죄악이 고스란히 드러납니다. 그래서 마치 예리한 칼날 앞에

선 환자처럼 두렵고 괴롭지요. 말씀의 날카로운 검이 나를 찌르고 쪼갤 것 같아 도망치고 싶어집니다.

때로는 말씀의 거울에 비친 내 치부가 너무 적나라해서, 스스로 그런 사람이 아니라고 부인하거나 갖은 핑계를 대며 발악하고 싶어질지도 모릅니다. 그 검이 나를 산산조각 낼 것처럼 느낄 수도 있습니다. 그러나 그 검을 받아들여야 합니다. 그것이 진정으로 사는 길이기 때문입니다.

하나님의 말씀 앞에서 도망치지 않고, 그 말씀의 검을 받아들일 때, 우리의 죄악 된 모습은 죽고, 새롭게 태어날 수 있습니다.

그 과정은 고통스러울 수 있지만, 수술을 통해 새 생명을 얻듯, 말씀의 검이 우리의 죄악된 본성을 도려내어 진정한 새 생명을 얻게 해줄 겁니다.

하나님의 말씀은 살아있고 활력이 있어

좌우에 날 선 어떤 검보다도 예리하여

혼과 영과 및 관절과 골수를 찔러 쪼개기까지 하며

또 마음의 생각과 뜻을 판단하나니

히브리서 4장 12절

하루는 의원에 자주 오시는 한 할머니가 갑자기 입이 너무 마른다고 하셨습니다. 소변도 자주 본다고 하시기에 혈당을 재보니 300이 넘어가는 게 아닙니까! 제가 물었습니다.

　"할머니, 혹시 경로당에 누가 영양제 팔러 왔어요?"

　아나나 다를까, 할머니는 어느 판매원에게 약을 한 박스 사셨다고 했습니다. 한 달 치 가격이 35만 원인데, 그걸 먹으면 손발 저림도 없어지고, 입맛도 돌고, 하여튼다 좋아진다고 했다는 겁니다. 이른바 '만병통치약'이라는 거지요.

그 판매원은 할머니의 어깨도 주물러주고 딸처럼 이야기도 들어주다가, 울먹이면서 한 통만 팔아달라고 했답니다. 누군지 물어봤더니 처음 보는 사람이라고 하셨습니다. 순간 화가 나서 할머니께 소리를 지르고 말았습니다.

"아니, 어떻게 처음 보는 사람 말은 그렇게 잘 믿으시면서, 제 말은 안 들으세요!"

하지만 곧 죄송한 마음이 들었습니다.

'할머니 잘못이 아니지. 불쌍해 보이는 판매원의 말에 속아 한 박스 사신 것뿐인데….'

문제는 판매원이었습니다. 그들은 그럴듯한 말로 그 약이 모든 걸 고쳐줄 수 있을 것처럼 유혹합니다. 치료가 간절한 사람일수록 그런 말에 넘어가지요. 병원에 가도 차도가 없는 노인이나 더는 치료법이 없는 말기 암 환자가 주요 타깃이 됩니다. 절박함을 이용하여 자기 배를 채우는 이들이 아직도 많습니다. 이런 경우를 한두 번 본 게 아닙니다.

문득 이들이 이단과 닮았다는 생각이 들었습니다. 이단은 자신이 하나님을 다 아는 것처럼, 하나님께 직통 계시를 받는 것처럼, 하나님의 이적을 행할 능력이 있는 것처럼 행세하며 사람들을 현혹합니다.

그들의 타깃은 교회 안에서 자신의 힘듦을 위로받고 고통의 해답을 찾기를 원하지만, 그러지 못해 방황하는 성도들입니다. 그들은 마치 인생의 모든 문제를 해결할 수 있는 만병통치약을 가진 것처럼 굴며, 심령이 갈급한 성도들을 유혹하지요.

어떻게 인간이 천지를 창조하신 하나님을 온전히 이해할 수 있겠습니까! 인생의 모든 해답을 명확히 알고 있는 사람이 과연 있을까요? 그럴 수 있는 분은 오직 예수님, 한 분뿐이십니다.

예수님은 이미 우리에게 구원을 주심으로 모든 문제를 해결하셨습니다. 그러니 세상이 주는 거짓 위로나 속임에 흔들리지 말고, 우리의 주인이신 예수 그리스도께 나아가 그분 안에서 평안을 찾았으면 좋겠습니다.

예수께서 이르시되
내가 곧 길이요 진리요 생명이니
나로 말미암지 않고는
아버지께로 올 자가 없느니라
요한복음 14장 6절

사랑
한다면

　우리는 무언가에 관심이 생기면 '집중'합니다. 더 알고 싶어서 가까이 다가갑니다. 누군가를 좋아하면, 자신의 시간과 돈을 들여서라도 함께하고 싶습니다. 그리고 사랑하게 되면, 고통과 고난이 따르더라도 그 대상을 위해 기꺼이 희생하고 헌신하게 됩니다.

　돈을 버는 일에 관심이 많은 사람은 성공한 이들의 강의를 찾아 듣고, 관련 책을 읽으며 어떻게든 돈 벌 방법을 찾습니다. 사이클링을 좋아하는 사람은 '이번 주말엔 어디서 탈까, 어떤 자전거를 살까, 어떻게 하면 더 멀리,

더 빨리 달릴 수 있을까'를 매일 고민합니다. 큰돈을 들여 자전거를 수리하거나 멋진 액세서리를 장착하지요.

사랑하는 사람이 생기면 어떨까요? 멀리 떨어져 있어도 비행기를 타고라도 만나러 가고 싶어집니다. 밤새도록 전화기를 붙들고 사랑을 고백하며, 아낌없이 선물을 준비합니다. 손 편지에 마음을 눌러 담아 전하기도 하고, 종이학을 천 마리쯤 접어 건네기도 하지요. 관심을 두고, 좋아하고, 사랑하면 그 마음은 자연스레 '행동'으로 드러납니다.

우리는 종종 "하나님을 사랑합니다"라고 고백합니다. 이것이 진심이라면, 역시 삶에서 행동으로 드러나야 하지요. 먼저, 하나님이 누구신지 더 궁금해집니다. 세상을 창조하신 그분의 섭리와 우리를 위해 십자가에 달리신 그 사랑을 더 깊이 알고 싶어집니다. 그래서 누가 시키지 않아도 성경을 읽고, 예배를 기대하며 교회에 나와 말씀에 집중합니다.

하나님을 사랑하는 사람은 그분과 대화하고 싶어 기도 자리로 나아가 마음속 깊은 이야기를 꺼내놓습니다. 사랑이 깊어지면, 하나님께 내 시간과 작은 물질도 드리고 싶어집니다. 아무도 그 열정을 막지 못하지요.

하나님을 정말 사랑하는 사람은, 예수님이 우리의 주인이심을 전하고 싶어 합니다. 예수님만이 가장 큰 자랑이 되기 때문입니다. 더 나아가 교회 공동체와 이웃을 돌아봅니다. 하나님께서 기뻐하시는 일이기 때문입니다.

여기까지 쓰고 보니, 정작 뭐 하나 제대로 하지 못하는 제 자신이 부끄럽습니다. 여러분은 어떤 마음이 드나요? 사랑은 결코 마음에만 머물 수 없습니다. 진짜 사랑은 반드시 '삶'으로 흘러나옵니다.

너희가 나를 사랑하면
나의 계명을 지키리라

요한복음 14장 15절

외식하는
자

'외식'이라고 하면 흔히 밖에서 밥을 사 먹는 일을 떠올립니다. 그러나 성경에서 말하는 외식(外飾)은 전혀 다른 의미입니다. 겉과 속이 다른 위선적인 삶을 가리키지요. "외식하다"의 그리스어 어원은 '연기하다'입니다. 연기하듯 가짜로 사는 삶을 뜻하지요.

예수님은 바리새인과 서기관들의 이런 위선적인 태도를 미워하셨습니다. 그들의 면전에서 "화 있을진저 외식하는 서기관들과 바리새인들이여", "독사의 새끼들아"라고 저주하실 정도였지요. 예수님처럼 사랑이 많으신 분이 이렇게까지 말씀하신 걸 보면, 외식을 얼마나 싫어하셨는지 가늠할 수 있습니다.

저 역시 외식하며 살고 있지 않은지 곰곰이 돌아보았습니다. 진실하지 못하고, 가면을 쓴 채 연기하듯 자신을 감추고 살지는 않았는지 말입니다.

여러분은 어떤가요? 매주 예배 자리에 앉아 있지만, 머리로는 온통 돈 벌 궁리를 하며 주식과 비트코인 걱정에 휴대전화를 만지작거리진 않나요?

사람들 앞에서는 손 들고 찬양하고 경건하게 기도하면서, 정작 집에서는 성경 한 번 펴지 않고, 기도 한 번 하지 않으며 하나님을 외면하고 있지는 않나요?

주일에는 옷을 차려입고 거룩한 얼굴로 살지만, 직장에서는 욕설과 험담과 탐욕으로 가득 찬 행실로 살고 있지는 않나요?

겉으로는 가정에 충실한 것처럼 보이지만, 뒤로는 은밀히 불륜을 저지르고 있지는 않나요? 사람의 인정과 명성을 얻기 위해 봉사와 헌신을 하는 건 아닌가요?

혹시 여기까지 읽으면서 다른 누군가를 떠올렸나요? 우리는 누구도 정죄할 자격이 없습니다. 그런 위치에 있지 않아요. 예수님이 가장 미워하셨던 위선적인 자가 되지 않았으면 좋겠습니다.

내 안에 가득 찬 죄와 탐욕과 분노와 악함을 인정하고, 회개한 죄를 반복해서 짓는 연약함을 솔직하게 고백하며, 주님께 도와달라고 부르짖는 것만이 우리가 할 일입니다.

Coram Deo(코람데오, 하나님 앞에서).

날마다 하나님 앞에서 정직하고 겸손하게 살며, 참된 복과 기쁨을 누리는 우리가 되었으면 좋겠습니다.

화 있을진저

외식하는 서기관들과 바리새인들이여

잔과 대접의 겉은 깨끗이 하되

그 안에는 탐욕과 방탕으로 가득하게 하는도다

눈 먼 바리새인이여 너는 먼저 안을 깨끗이 하라

그리하면 겉도 깨끗하리라

마태복음 23장 25,26절

겨울

　저는 겨울을 그다지 좋아하지 않습니다. 봄이나 가을처럼 따뜻하면서도 시원한, 어중간한 계절을 더 좋아하지요. 그런데 생각해 보니, 겨울도 좋은 점이 있네요. 맑고 상쾌한 공기를 호흡할 수 있어서 참 좋습니다. 그 덕분인지 하늘도 선명하게 보이고 시야도 탁 트이는 듯합니다.

　하루는 매우 추운 날씨에 퇴근하는데, 시골 하늘에 반짝이는 별들이 얼마나 예쁜지요! 잠깐 서서 하늘을 감상했습니다. 그런 밤하늘은 참 오랜만이었습니다. 날카롭게 몸을 파고드는 칼바람을 맞으면서도 하늘의 별을 눈에 담아두고 싶었습니다.

우리 인생에도 봄, 여름, 가을, 겨울이 있습니다. 봄과 가을처럼 적당히 따뜻하고 시원하고 편안한 때가 있고, 여름처럼 숨이 턱턱 막혀 힘에 겨운 때도 있으며, 겨울처럼 살을 에는 듯한 고통에 몸서리치는 때도 있지요.

그렇지만 차가운 겨울바람이 먼지를 날려 보내 시야를 맑게 해주는 것처럼, 인생의 겨울을 맞이하면 우리의 주인이신 하나님을 더욱 분명하게 바라볼 수 있습니다.

늘 하늘에 있지만, 눈에 잘 보이지 않는 작은 별처럼, 언제나 곁에 계셨지만 깨닫지 못했던 하나님의 존재를 발견하게 됩니다.

혹시 지금 춥고 고통스러운 인생의 겨울을 지나고 있나요? 우리를 향하신 하나님의 시선과 사랑을 또렷하게 경험할 수 있는 시간일지 모릅니다. 우리를 한순간도 놓지 않으시는 하나님을 의지하며, 그분 안에서 평안을 찾으면 좋겠습니다.

그리고 하나님을 믿는 교회 공동체가 삶의 추위에 떨고 있는 이들에게 따뜻한 담요가 되어주고, 두툼한 패딩 같은 존재가 되어주면 좋겠습니다.

여호와의 눈은 의인을 향하시고
그의 귀는 그들의 부르짖음에 기울이시는도다
시편 34편 15절

Q1 살면서 겨울 같은 시기가 있었습니까? 언제, 무엇 때문이었나요?

Q2 어떻게 인생의 겨울을 극복했습니까? 그때 하나님의 시선을 느꼈나요?

Q3 인생의 겨울을 지날 때, 신앙 공동체로부터 도움을 받은 경험이 있나요?

Q4 주변에 인생의 겨울을 겪는 이웃이 있는지 돌아보세요. 그들을 어떻게 도울 수 있을까요?

마비

어느 날, 저녁 식사 자리에서 아내가 불쑥 물었습니다.

"내가 뇌경색으로 온몸이 마비되면 어떻게 할 거야?"

제가 대답했습니다.

"작은 요양병원을 지어서 당신을 입원시켜 놓고 같이
살 거야. 내가 의사인데, 그 정도는 할 수 있지 않겠어?
계속 곁에 있을 테니 걱정하지 마."

그리고 농담 반 진담 반으로 덧붙였습니다.

"만약 내가 그렇게 되면, 집에서 애쓰지 말고 요양병원에 입원시켜. 대신 하루에 한 번은 잘 지내는지 꼭 보러와야 해."

그러자 아내가 슬프니 더 말하지 말라며 울음을 터뜨렸습니다. 저도 슬퍼졌습니다. 혹시라도 정말 그런 일이 생길까 봐 두렵기도 했고요.

올해 제 나이는 45세입니다. 젊은 나이에 괜한 걱정을 한다고 할 수도 있겠지만, 이만큼만 살아도 삶이 종잡을 수 없음을 알게 되었습니다. 일어나서는 안 되는 일들이 주변에서 일어나는 걸 종종 보게 되지요.

20대에는 내 힘과 노력으로 모든 일을 이겨나갈 수 있을 줄 알았습니다. 내가 조심하면 사건 사고를 피할 수 있을 거로 생각했지요. 하지만 세월이 흐를수록 인생이 내 뜻대로 흘러가지 않는다는 걸 알게 됩니다. 내 힘으로 해결했다고 여겼던 일조차 내 힘으로 된 게 아니었음을 깨닫곤 하지요.

예수님을 믿고 의지한다면서도, 저는 현실의 걱정에 매여 있을 때가 많습니다. 책임이 늘어날수록 아이들 걱정, 부모님 걱정, 직장과 사업장 걱정 등 내 힘으로는 어찌할 수 없는 불안한 미래에 대한 두려움이 점점 커집니다. 그럴 때면 가슴이 답답하고 머리가 무거워집니다. 밤에 잠도 한 번씩 깹니다.

'내가 감당할 수 있을까? 잘 이겨낼 수 있을까? 나를 도와줄 사람이 있을까?'

이런 두려움에 사로잡힐 때, 문득 베드로가 떠올랐습니다. 그는 물고기를 잡아 생계를 이어가며 무거운 세금까지 내야 했습니다.

마음이 걱정으로 가득한 채 밤바다에서 최선을 다해 그물을 내렸지만, 돌아온 건 텅 빈 그물뿐이었지요. 그런데 절망한 그에게 예수님이 찾아오셔서 말씀하셨습니다.

"깊은 데로 가서 그물을 내려 고기를 잡으라"(눅 5:4).

예수님의 말씀을 의지해 깊은 곳에 그물을 내린 뒤에야 베드로는 깨달았습니다.

'이분이 나의 주님이시구나.'

지금 내 힘으로는 감당할 수 없는 문제로 인해 절망하고 있나요? 그 순간, 주님이 찾아오십니다. 우리는 주님을 의지하여 깊은 곳에 그물을 내리기만 하면 됩니다. 우리의 능력이 아니라 주님의 은혜로만 참된 자유와 소망을 길어 올릴 수 있음을 기억하세요.

시몬이 대답하여 이르되

선생님 우리들이 밤이 새도록 수고하였으되

잡은 것이 없지마는 말씀에 의지하여

내가 그물을 내리리이다 하고

누가복음 5장 5절

• 시골의사 질문 •

Q1 스스로 감당할 수 없는 일을 겪은 적이 있나요? 그때 어떤 마음이 들었고, 어떻게 이겨냈나요?

Q2 지금 내게 가장 큰 걱정거리는 무엇입니까? 그것을 어떻게 이겨내려고 하나요?

Q3 하나님의 도우심을 경험한 적이 있다면, 나누어 봅시다.

Q4 베드로와 같이 이해되지 않아도 주님을 의지하여 순종한 경험이 있다면, 이야기해 봅시다.

가죽

　어릴 적, 장난꾸러기였던 저는 종종 집에서 쫓겨났습니다. 요즘은 그런 아이들을 보기 힘들지만, 제가 어릴 때만 해도 흔한 일이었습니다. 제가 밖에 우두커니 앉아 있으면 곧 옆집이나 윗집에서도 아이가 쫓겨나오는 소리가 들리곤 했지요. 그렇게 쫓겨난 아이들끼리 눈물을 닦고 다시 신나게 놀다가 또다시 혼나기도 했습니다.

　크게 잘못한 날은 부모님이 "나가서 돌아오지 마!"라고 하시며 짐가방까지 들려 내쫓으셨는데, 갈 데가 없어 집 앞에서 멀뚱멀뚱 기다리다 보면 결국 들어오라고 하셨지요. 그때도 부모님은 창문 너머로 아들이 잘 있는지 힐끔거리며 확인하셨습니다. 이것이 부모의 마음이지요. 자녀를 쫓아내는 건, 정말 미워서 부모를 떠나 마음대로 살라는 뜻이 아닙니다. 그 안에는 사랑이 담겨 있지요.

성경에서 하나님이 처음으로 쫓아내신 사람은 누구일까요? 바로 아담과 하와입니다. 하나님께서 "선악을 알게 하는 나무의 열매를 먹으면 반드시 죽을 것이다"라고 경고하셨지만, 아담과 하와는 그 열매를 끝내 따먹고 말았습니다. 결국 에덴동산에서 쫓겨나게 되지요.

그런데 그 장면에서, 제가 어릴 적 집에서 쫓겨날 때와 비슷한 점이 보였습니다. 만약 하나님께서 아담과 하와를 미워하셔서 정말 죽기를 바라셨다면, 즉시 심판하셨을 겁니다. 그들이 입고 있던 무화과나무 잎사귀조차 벗겨버리고, 짐승의 먹이가 되도록 매몰차게 내쫓으실 수도 있었지요.

그런데 하나님은 그러지 않으셨습니다. 오히려 그들에게 앞으로 어떻게 살아가야 할지를 일러주시고, 가장 튼튼한 '가죽옷'을 입혀주셨지요. 저는 그 모습에서 하나님의 마음을 이렇게 읽었습니다.

"하와야, 너는 출산할 때 고통을 겪게 될 거야. 아담아, 너는 평생 땀 흘리며 땅을 갈아야 먹고살 수 있단다. 힘들 테지만, 견뎌내야 한다. 내가 너희에게 가장 튼튼한 가죽옷을 입혀줄 테니 마음을 단단히 먹고 살아가거라."

하나님은 그들을 쫓아내셨지만, 외면하지 않으셨습니다. 아벨의 제사를 기쁘게 받으셨고, 이후에도 그들과 함께 일하셨습니다. 거룩하신 하나님은 죄를 용납하실 수는 없었지만, 그들을 다시 데려오기 위한 계획을 세우셨습니다.

자녀를 쫓아낸 부모가 창밖을 힐끔거리며 언제 들어오라고 할지 고민하는 것처럼, 하나님도 우리를 계속 살피시며 돌아올 길을 예비하셨던 겁니다.

오늘도 하나님은 거친 세상에서 우리를 보호하시기 위해 '가죽옷'을 입혀주십니다. 그것은 단순한 옷이 아닙니다. 우리를 끝까지 지켜주시겠다는 약속이며, 다시 회복시키시겠다는 의지이고, 마침내 우리를 아버지의 집으로 돌아오게 하시겠다는 사랑의 증거입니다.

여호와 하나님이
아담과 그의 아내를 위하여
가죽옷을 지어 입히시니라

창세기 3장 21절

• 시골의사 질문 •

Q1 어릴 적 집에서 쫓겨난 경험이 있습니까? 혼나는 중에도 부모님의 사랑을 느꼈나요?

Q2 하나님이 아담과 하와에게 손수 가죽옷을 입히신 이유가 뭐라고 생각합니까?

Q3 지금 나를 지켜주는 가죽옷은 무엇입니까? 그것은 하나님이 입혀주신 건가요, 내 능력으로 입은 건가요?

과속
카메라

하루는 익숙한 길에 차가 거의 없어서 저도 모르게 속도를 높여 달리고 있었습니다. 그런데 갑자기 눈앞에 과속 카메라가 나타나 급히 브레이크를 밟았다가 옆자리에 탄 아내에게 한소리 들었습니다.

"정신 똑바로 안 차리나?"

운전하다 보면, 누구나 이런 상황을 종종 겪습니다. 우리는 길이 평탄할 때, 곧게 뻗어 있을 때, 넓고 익숙한 길일 때 과속합니다. 잘 아는 길일수록 자신감이 생겨서 내 속도가 느린 듯 착각하여 더 속도를 내게 되지요. 그러다 보면 어느새 감당할 수 없는 속도에 도달하지만, 속도를 줄일 생각은 하지 못합니다.

이럴 때 필요한 게 바로 '과속 카메라'입니다. 억지로라도 속도를 줄이게 해야 운전자는 물론이고 동승자와 반대편에서 달려오는 이웃의 생명도 지킬 수 있습니다.

문득 이런 생각이 스쳤습니다.

'우리 삶에도 과속 카메라가 필요하지 않을까?'

삶이 순조롭게 풀리고, 사업이 뜻밖에 잘되고, 물질이 풍성해지며, 사람들의 부러움을 한몸에 받고, 무엇을 해도 성공할 것 같은 자신감이 차오를 때, 우리는 하나님의 존재를 잊거나 불필요하다고 여기기 쉽습니다. 하지만 바로 그때가 인생의 속도를 줄여야 할 때입니다.

과속 카메라가 없다면, 아마 속도를 확인하지 않은 채 질주할 게 분명합니다. 머지않아 인생의 방향을 제어할 수 없게 되고, 브레이크마저 작동하지 않을 겁니다. 결국 그 관성을 따라 사망의 골짜기로 빠져들지 모릅니다.

그래서 하나님은 우리 삶의 순간순간에 과속 카메라를 설치하시나 봅니다. 잠시 속도를 줄이고, 내가 올바른 방향으로 가고 있는지, 이 길이 교만의 길, 탐욕의 길은 아닌지 돌아보고 수시로 확인하라는 경고로 말이지요. 만일 지금 잘못된 길로 접어들었다면, 더 늦기 전에 빠져나와야 합니다.

하나님은 우리 인생에 사업 실패, 질병, 예기치 못한 사건, 깨어진 관계와 같은 '과속 카메라'를 허락하심으로써 우리를 멈추게 하십니다. 이 단속이 때로는 가혹하게 느껴질 수 있습니다. 그러나 그것은 자신을 돌아보고 성찰할 수 있는 기회이며, 바른길로 돌아설 수 있는 마지막 톨게이트입니다.

삶이 잘 풀릴 때일수록 자신을 돌아봐야 합니다. 내가 주님이 인도하시는 길 위에, 그분이 정하신 속도로 가고 있는지 점검해야 합니다.

만약 잘못된 길로 들어섰거나 정해진 속도를 넘어서고 있다면, 겸손히 속도를 늦추고 하나님께 우리 길을 맡겨야 합니다.

주님의 과속 카메라는 우리를 향한 사랑의 경고이자 생명 장치이며, 은혜로운 멈춤입니다.

너는 마음을 다하여 여호와를 신뢰하고
네 명철을 의지하지 말라
너는 범사에 그를 인정하라
그리하면 네 길을 지도하시리라

잠언 3장 5,6절

Q1 삶이 탄탄대로라고 느끼나요, 아니면 울퉁불퉁한 비포장도로라고 느끼나요? 그 이유는 무엇인가요?

Q2 잘될 것만 같던 일이 갑자기 계획이 틀어져 실패한 경험이 있나요? 그 일을 통해 어떤 생각을 하게 됐나요?

Q3 하나님이 개입하셔서 내 삶의 속도를 늦추신 경험이 있다면, 나누어 봅시다.

불나방

더운 여름에는 벌레가 유난히 많습니다. 모기와 각종 벌레가 날아다니며 우리를 괴롭히지요.

하루는 저녁에 아내와 함께 강변을 걸으며 운동하고 있었습니다. 해가 산 너머로 지고, 가로등 불빛이 켜졌습니다. 시간이 지나자 불빛 주위로 수많은 벌레가 몰려들었고, 가로등 밑에는 벌레의 사체가 하나둘 쌓여갔습니다.

빛은 우리가 가는 길을 밝혀주지만, 벌레를 불러 모으기도 합니다. 벌레는 본능적으로 빛과 열을 향해 다가옵니다. 그러나 빛 주변을 맴돌다 서로 부딪히거나 체력이 소진되어 떨어지고, 뜨거운 열에 타거나 말라 죽습니다. 죽을 줄도 모르고 본능적으로 빛을 향해 몰려드는 벌레를 보면서 문득 이런 생각이 들었습니다.

'혹시 나도 본능적으로 죄를 향해 달려가고 있는 건 아닐까?'

죄의 본성을 지닌 인간은 자기도 모르게 죄에 끌립니다. 아무리 선하고 겸손하며 긍휼한 마음으로 이웃을 대하고, 탐욕과 멀어지려 애써도 어느새 죄를 향해 다가가는 모습을 봅니다.

그 길로 가면 타 죽거나 말라 죽을 걸 알면서도 강렬한 유혹에 본능적으로 이끌립니다. 죄의 유혹은 달콤합니다. 마치 그 안에 진짜 행복이 있고, 나를 살리는 길이 펼쳐질 것처럼 속입니다.

죄의 길로 달려가는 수많은 사람들을 보며, 자칫 그 길이 정답처럼 보이기도 합니다. 그러나 밝고 찬란한 유혹의 불빛에 눈이 먼 이상, 인간의 힘으로 빠져나오기란 거의 불가능합니다.

그런 나약한 우리를 구원하시기 위해, 하나님께서 예수 그리스도를 보내셨습니다. 불순종으로 시작된 죄의 굴레를 스스로 끊지 못하는 우리를 위해, 그리스도의 거룩한 십자가를 보여주셨습니다.

믿음으로 그 십자가를 바라볼 때, 죄의 유혹을 이겨낼 수 있게 해주셨습니다. 죽음에서 벗어나 다시 하나님과 살 수 있는 길을 열어주셨습니다.

만일 지금 탐욕과 정욕에 이끌려 죄의 불빛을 향해 달려가고 있다면, 시선을 돌려야 합니다. 우리를 구원하신 거룩한 십자가에 시선을 고정해야 합니다.

사단이 아무리 화려한 불빛으로 유혹할지라도, 고개를 돌려서는 안 됩니다. 구원으로 가는 다른 길은 없습니다.

아내에게 이 짧은 묵상을 나누며 말했습니다.

"여보, 우리는 불나방 같은 삶을 살지 말자."

내 속 곧 내 육신에 선한 것이
거하지 아니하는 줄을 아노니
원함은 내게 있으나 선을 행하는 것은 없노라
내가 원하는 바 선은 행하지 아니하고
도리어 원하지 아니하는 바 악을 행하는도다

로마서 7장 18,19절

모습

    맞선 자리에 두 남녀가 마주 앉아 있습니다. 여자는 밝은 투피스 정장에 깔끔한 구두를 신고, 가장 좋은 가방을 들고 나왔습니다. 머리도 단정히 손질했고, 화장도 정성껏 했습니다. 반면 남자는 반바지에 슬리퍼, 누렇게 변한 티셔츠 차림으로, 세수도 하지 않은 채 덥수룩한 수염과 헝클어진 머리로 나타났습니다.

    남자의 이런 태도는 상대에 대한 예의가 아닐뿐더러 마지못해 끌려 나온 듯한 기색을 드러냅니다. 그는 이미 '모습'으로 모든 걸 말하고 있습니다. 상대를 알고 싶은 마음이 전혀 없다는 걸 누구나 알아차릴 수 있지요.

신앙생활도 그렇습니다. 겉으로는 열심히 믿는다고 하지만, 입에서 늘 욕과 저주, 불평과 음담패설이 흘러나온다면 사람들이 속으로 생각할 겁니다.

'저 사람 마음에는 무엇이 가득할까?'

군이 말하지 않아도 그의 모습을 통해 그 중심을 추측할 수 있습니다. 심지어, 누군가 그에게 진심 어린 충고를 건네고 싶다가도, 괜히 미움이나 상처를 받을까 봐 피할지도 모릅니다.

사람은 말과 행동으로 자신을 드러냅니다. 자세와 태도, 말투와 행동은 우리 내면을 비추는 거울입니다. 정작 자기만 모를 뿐, 주변은 다 압니다. 내가 어떤 사람인지, 어떤 중심을 가졌는지.

예수님 시대의 바리새인과 사두개인처럼 속은 거짓과 죄, 탐욕과 교만, 미움과 분노로 가득하면서도, 겉으로는 얼마든지 거룩하고 신실한 척할 수 있습니다. 그럴듯하게 꾸미며 남을 속일 수 있고, 심지어 자신마저 속일 수 있습니다.

그러나 그 반대는 불가능합니다. 중심이 하나님을 향해 있고, 마음이 거룩과 경건, 긍휼과 자비, 겸손으로 채워진 사람은 반드시 드러납니다. 빛은 숨길 수 없고, 향기는 덮을 수 없으며, 진짜는 결국 드러나기 마련이니까요.

그러므로 우리는 날마다 자기 '모습'을 점검해야 합니다. 외모에 신경 쓰라는 게 아니라, 삶의 중심이 하나님 앞에 바르게 서 있는지를 살피라는 뜻입니다. 그 중심이 올바르다면, 반드시 삶으로 드러나 공동체에 선한 영향력을 흘려보내게 될 것입니다.

선한 사람은 마음에 쌓은 선에서 선을 내고

악한 자는 그 쌓은 악에서 악을 내나니

이는 마음에 가득한 것을 입으로 말함이니라

누가복음 6장 45절

Q1 교회에서 내 태도와 언행은 어떻습니까? 그걸 보고 무엇을 추측할 수 있나요?

Q2 집에서 편하게 누워 온라인 예배 중계를 보는 성도가 있다면, 그 중심이 어떻다고 생각하나요?

Q3 중심을 보시는 하나님께서는 우리의 삶의 자세와 태도를 어떻게 바라보실까요? 그렇게 생각하는 이유는 무엇인가요?

Q4 성령님으로 충만했던 경험이 있습니까? 지금 내 모습과 비교하면 어떤 차이가 있나요?

03

해양대학교 학생들은 2학년 때 1주일간 남해 바닷가에서 해양 훈련을 받습니다. 선박 사고 시 바다에 뛰어들어 수영으로 생존하는 법을 익히는 훈련이지요.

대부분의 학생이 수영 배우기를 기대하며 훈련에 들어갑니다. 그런데 가장 먼저 하는 일이 뭔지 아십니까? 근육이 흐물흐물해질 때까지 종일 기합을 받습니다. 해가 저물 무렵, 팔다리에 힘이 다 빠진 상태가 되면 교관이 외칩니다.

"입수!!"

'지금 손가락 하나 들어 올릴 힘도 없는데 바다에 뛰어들라고? 이대로 들어가면 물에 빠져 죽을 것 같은데?'

하지만 교관의 고함에 떠밀리듯 파도 속에 들어가면, 신기하게도 몸이 저절로 둥둥 뜹니다. 힘을 주지도 않았는데 말입니다.

그제야 깨닫습니다. 물에 가라앉는 건 온몸에 힘이 들어가 있기 때문이라는 걸. 전신의 힘을 빼고 물에 몸을 맡기면, 부력이 몸을 떠받친다는 사실을 말입니다. 교관이 체력 훈련으로 힘이 빠지게 한 이유가 이것이었지요. 수만 톤의 무쇠로 만든 거대한 배조차 떠받치는 힘이 바로 이 부력입니다.

우리는 살면서 제 힘으로 모든 문제를 해결하려 애씁니다. 그러다 번아웃이 오고, 지쳐 쓰러지기도 하지요.

결국 내 힘으로 할 수 없음을 느낄 때, 온몸의 힘이 다 빠졌을 때 하나님께서 말씀하십니다.

"입수!!"

세상이라는 거친 바다에 뛰어들 때, 내 힘을 빼고 하나님께 의지하면, 보이지 않는 강력한 힘이 우리를 들어 올립니다. 바로 하나님의 부력입니다. 그 힘을 의지할 때, 우리는 '세상'이라는 바다를 넉넉히 헤쳐 나갈 수 있습니다.

두려워하지 말라 내가 너와 함께함이라
놀라지 말라 나는 네 하나님이 됨이라
내가 너를 굳세게 하리라 참으로 너를 도와주리라
참으로 나의 의로운 오른손으로 너를 붙들리라

이사야서 41장 10절

· 시골의사 질문 ·

Q1 '내 힘으로 도저히 할 수 없다'라고 느낀 순간이 있습니까? 그 일을 통해 무엇을 느꼈나요? 그때 하나님의 도우심을 경험했나요?

Q2 하나님의 보이지 않는 힘이 나를 회복시킨 경험이나 하나님을 의지하여 담대히 도전했던 일이 있다면 나누어 봅시다.

예배

초등학교 5학년 때 처음 교회에 다니기 시작했으니, 벌써 33년이 지났습니다. 어린 시절, 어느 무더운 여름 날, 제가 사람들에게 물었습니다.

"왜 교회에 반바지에 반소매 셔츠, 맨발에 슬리퍼 차림으로 가면 안 돼요?"

정확한 답은 못 듣고 교회 형, 누나, 선생님, 부모님에게 꾸중 아닌 꾸중을 들었지요.

"하나님께 예배드리러 가는데, 그러면 안 돼."

쉽게 이해되지 않았지만, 어른들이 말씀하시니 그런가 보다 했지요. 그러면서도 마음속으로는 '어른이 되면 내가 편한 대로 입고 교회에 가야지' 하고 다짐했습니다.

성인이 되어, 어느 날 레위기를 읽던 중에 하나님께서 이스라엘 백성에게 제사에 쓰이는 제물을 드릴 때 '흠 없는 짐승'과 '고운 가루'로 드리라고 여러 번 강조하여 말씀하시는 게 눈에 들어왔습니다. 처음에는 '이스라엘 백성이 참 힘들었겠다' 싶었습니다.

'매번 흠 없는 소나 양을 찾으려면 얼마나 힘들었을까! 병 걸린 것, 가죽에 흠집이 있는 것, 밥을 잘 못 먹는 것, 절뚝거리는 걸 다 거르느라 며칠 전부터 찾아다니고, 살펴보고, 씻겨보며 얼마나 고생이 많았을까! 고운 가루를 만든다고 맷돌에 넣어 갈아내느라 또 얼마나 힘들었을까! 맷돌을 수십, 수백 번 돌리려면 손 마디마디에 물

집이 잡히고 굳은살이 박이지 않았을까!

제사 규칙은 또 얼마나 엄격하고 까다로운지, 하나라
도 어긋나면 안 되기에 순서를 끊임없이 되새기며 외우지
않았을까! 이런 고생을 하면서도 자신의 끔찍한 죄를 사
함 받을 수 있음을 다행으로 생각하고 감사하며 성막으
로 향하지 않았을까!'

이스라엘 백성은 제사를 드리기 훨씬 전부터 철저하게
자기 삶을 녹여내며 제사를 준비했을 겁니다. 두렵고 떨
리는 마음으로 성막에 들어갈 채비를 했겠지요. 그리고
간절한 마음으로 짐승을 잡아 각을 뜨고 가죽을 벗기면
서 자기 죄를 뉘우치고 사함 받았을 겁니다.

제사를 묵상하며 제 모습을 돌아보았습니다.

'과연 나는 어떤 마음과 자세로 예배를 준비해 왔는
가? 죄를 진심으로 뉘우치며 회개하는 마음이 있는가?

예배를 향한 정성과 순전한 마음이 있는가? 삶을 녹여내는 헌신이 있는가?'

여러분의 예배는 어떻습니까? 어떤 마음으로 예배를 준비합니까? 흠 없는 짐승을 찾으려는 수고와 고운 가루를 만들려는 헌신이 예배에 녹아 있습니까? 절박한 심정으로 내 죄와 삶을 각을 떠서 산 제물로 드릴 준비를 하고 있나요? 간절한 마음으로 하나님을 만날 준비가 되어 있나요?

그러므로 형제들아
내가 하나님의 모든 자비하심으로
너희를 권하노니
너희 몸을 하나님이 기뻐하시는
거룩한 산 제물로 드리라
이는 너희가 드릴 영적 예배니라
로마서 12장 1절

무명

"전주시 얼굴 없는 천사 25년째 기부"라는 제목의 기사를 읽었습니다. 무명으로 25년간 10억 넘게 기부해 온 분에 관한 기사였지요.

20대에 기부를 시작했다고 하니, 지금 거의 50대일 텐데 갈수록 기부액이 커지고 있답니다. 금액도 금액이지만, 자신을 밝히지 않는 마음이 참 대단하지 않나요!

이름 없이 기부하는 건 생각보다 훨씬 어려운 일입니다. 좋은 일을 하고 나면, 얼마나 남에게 알리고 싶나요! 저는 아주 작은 선행을 베풀고도 사람들에게 말하고 싶어서 입이 심히 간지럽습니다. 대부분 그런 마음이 들 겁니다. 그것을 잘못된 행동이라고 생각하진 않습니다. 도리어 남들에게 선한 동기를 불어넣는 경우도 종종 보기 때문입니다.

그러나 선행으로 얻은 좋은 이미지를 자기 이익을 위해 이용하는 사람들이 있는 것도 사실입니다. 게다가 기부금은 세금 공제도 되기에 연말에 기부금 영수증을 발급받을 수도 있습니다. 따라서 무명으로 기부한다는 건, 이런 혜택을 전혀 기대하지 않는다는 거지요.

우연히 무명으로 거액을 기부한 분을 알게 되었습니다. 그의 선행을 다른 이들과 나누고 싶다가도 그를 위해 절대 말하지 않았습니다.

아무도 알아주지 않을 때, 하나님과 나만의 추억이 생기고, 그 속에서 친밀한 교제가 싹트기 때문입니다.

무명의 기부자는 하나님만 자기를 기억하시길 바랄 겁니다. 세상의 복이 아니라 하늘의 복을 사모하는 거지요.

여러분은 하나님을 위해 무명으로 무언가를 해본 경험이 있나요? 분명 쉽지 않았을 겁니다. 인정받고 싶은 욕구를 내려놓아야 하니까요. 오른손이 하는 일을 왼손이 모르게 하는 건 어렵습니다. 때로는 구체적인 계획이 필요할 수도 있지요.

굳이 그렇게까지 무명으로 해야 하는지를 묻는다면, 저도 잘 모르겠습니다. 그러나 실제로 해보면 그 이유를 알 수 있지 않을까요. 25년이나 무명으로 기부한 사람이 맛본 기쁨과 소망은, 직접 경험한 사람만이 느낄 수 있을 겁니다.

아무도 내 수고를 알아주지 않고, 어떤 혜택도 받지 못할 때, 하나님은 나를 기억하시고 반드시 갚아주십니다. 이 땅에서는 무명일지라도, 하늘에서는 유명한 삶을 소망하며 살아가면 좋겠습니다.

사람에게 보이려고 그들 앞에서
너희 의를 행하지 않도록 주의하라
그리하지 아니하면 하늘에 계신 너희 아버지께
상을 받지 못하느니라
그러므로 구제할 때에
외식하는 자기 사람에게서 영광을 받으려고
회당과 거리에서 하는 것같이
너희 앞에 나팔을 불지 말라
진실로 너희에게 이르노니
그들은 자기 상을 이미 받았느니라
너는 구제할 때에
오른손이 하는 것을 왼손이 모르게 하여
네 구제함을 은밀하게 하라
은밀한 중에 보시는 너의 아버지께서 갚으시리라

마태복음 6장 1-4절

Q1 남들 모르게 선한 일을 한 적이 있습니까? 어떤 마음이 들었나요?

Q2 남들 모르게 선한 일을 하는 것과 모두에게 알리고 선한 일을 하는 건 어떤 차이가 있을까요?

Q3 아래 구절을 읽고 어떤 생각이 드는지 나누어 봅시다.

> 그런즉 가이사의 것은 가이사에게,
> 하나님의 것은 하나님께 바치라 (마 22:21)

마태와
시몬

　예수님의 열두 제자 중 마태와 시몬을 아십니까? 마태는 로마의 지시에 따라 유대인들에게 세금을 걷던 세리였습니다. 당시 많은 세리가 로마에 일정액의 세금을 미리 내고, 유대인에게는 더 과도하게 세금을 거두어 그 차액으로 큰 부당 이득을 챙겼습니다.

　그래서 유대인들은 세리를 동족을 착취하는 부도덕한 자요, 민족을 배신한 부정한 자로 여겨 함께 식사하거나 교제하는 것조차 거부했습니다. 그런 세리 마태를 예수님이 제자로 부르시고 함께 교제하신 건 유대인들에게 큰 충격이었을 겁니다.

반면 시몬은 열심당원이라 불리던 무장 민족주의자였습니다. 그들은 단검을 지니고 다니며 로마 편에서 일하는 자와 지도자들을 암살하기도 했습니다. 로마로부터 독립하기 위해 혁명을 일으키고자 했던 열심당원에게, 로마의 앞잡이 중 하나인 세리는 반드시 제거해야 할 적이었지요. 그런데 그 열심당원 시몬이 세리 마태와 함께 예수님의 제자가 된 겁니다.

아마도 마태는 매일 도망치고 싶었고, 시몬은 그를 죽이고 싶었을지도 모릅니다. 그런데도 예수님의 공적 사역이 끝나는 날까지 그들은 함께 먹고 마시며 예수님을 좇아 살았습니다. 이것이 어떻게 가능했을까요?

예수님 안에 함께 산다는 건 내 사회적 배경, 정치 성향, 출신지, 학력 등 모든 걸 내려놓고 주님을 의지하는 삶을 의미합니다. 편 가르지 않고 예수님 중심으로 하나

되어 사는 걸 뜻하지요. 예수님은 마태를 세리로, 시몬을 열심당원으로 부르신 게 아니라, 거룩한 주님의 제자로 부르셨습니다.

마태는 예수님 안에서 돈보다 소중한 걸 보았고, 시몬은 민족을 위한 정의감보다 더 높은 가치를 발견했습니다. 물론 쉽지 않았겠지만, 그들은 매일 예수님을 통해 전해지는 복음과 이석을 바라보며, 이선에 생삭하넌 소중한 가치를 내려놓고 제자의 길을 걷는 훈련을 받은 것입니다.

우리 신앙 공동체는 어떻습니까? 옛 모습을 버리고 예수님을 중심으로 하나가 되었습니까, 아니면 여전히 분열과 갈등 속에 있습니까? 마주치기도 싫은 미운 사람이 있고, 그를 피해 도망치고 싶은 사람이 있을 수 있습니다. 하지만 교회는 예수님의 복음이 전해지는 곳이고, 그 복음을 따라 살겠다고 다짐하는 곳입니다.

복음은 가장 멀리 떨어진 두 사람도 한자리에 앉게 만듭니다. 그 자리에 예수님이 계시기 때문입니다. 지금 여러분에게 가장 멀리 떨어져 있는 사람은 누구입니까? 그 사람 바로 옆에 가서 함께 앉을 수 있으면 좋겠습니다.

그곳에 하나님의 나라, 진정한 에클레시아가 임할 것이며, 그 자리가 예수님의 제자로 살아가는 삶의 증거가 될 것입니다.

이제는 전에 멀리 있던 너희가
그리스도 예수 안에서
그리스도의 피로 가까워졌느니라
그는 우리의 화평이신지라
둘로 하나를 만드사
원수 된 것 곧 중간에 막힌 담을
자기 육체로 허시고
에베소서 2장 13,14절

찬송가

찬송가 413장 〈내 평생에 가는 길〉은 약 150년 전에 미국의 변호사였던 호레이쇼 스패포드가 지은 노래로, 그 배경에는 슬픈 이야기가 있습니다.

한때 재산과 명성을 얻으며 성공적인 삶을 살던 그는, 큰 화재로 모든 걸 잃은 뒤, 이어진 선박 사고로 네 자녀를 모두 떠나보내야만 했습니다. 그는 감당하기 어려운 절망 속에서 이 곡의 가사를 써 내려갔습니다. 그 고백에는 인간적인 이해로는 설명할 수 없는 평안과 신앙의 깊이가 담겨 있습니다.

"내 영혼 평안해, 내 영혼, 내 영혼 평안해…."

찬송을 조용히 읊조리며 생각했습니다.

'과연 나도 그런 절망스러운 상황에서 같은 고백을 할
수 있을까?'

그럴 수 없을 것 같습니다. 찬송가는 단순한 노래가
아닙니다. 감상하거나 즐기기 위한 곡도 아닙니다. 찬송
가 한 장, 한 장에는 수많은 신앙인의 삶의 고백이 담겨
있습니다. 그 안에 감사와 기쁨은 물론, 고난 가운데도
하나님을 붙든 간절함이 녹아 있지요.

예배 자리에서 공동체가 함께 찬송가를 부른다는 건,
단순히 음표에 맞추어 따라 부르는 것을 의미하지 않습
니다. 시대를 넘어 이어져 온 믿음의 전통에 참여하고 과
거 성도들의 신앙을 이어받아, 우리 또한 그 길을 걷겠다
는 다짐입니다.

청년 시절에는 교회 어르신들이 찬송가를 즐겨 부르시는 이유를 이해하지 못했습니다.

'신나고 리듬감 있는 현대적인 CCM도 많은데, 왜 단순하고 반복적이고 잔잔한 찬송가를 더 좋아하실까?'

하지만 지금은 홀로 찬송가를 조용히 부르며 가사를 묵상하는 제 모습을 봅니다. 나이가 들수록 찬송가에 담긴 믿음의 향기와 깊이가 조금씩 마음에 다가오고, 그 소중함을 느끼기 때문이지요.

찬송가는 단순히 오래된 노래가 아닙니다. 수많은 성도가 눈물과 기도 그리고 믿음의 고백으로 차곡차곡 쌓아 올린, 신앙의 유산입니다.

세상은 변하고 음악의 유행도 바뀌겠지만, 찬송가가 전해주는 위로와 소망은 결코 대체될 수 없으며, 앞으로도 변함이 없을 것입니다.

내 영혼아 네가 어찌하여 낙심하며

어찌하여 내 속에서 불안해 하는가

너는 하나님께 소망을 두라

나는 그가 나타나 도우심으로 말미암아

내 하나님을 여전히 찬송하리로다

시편 42편 11절

Q1 찬양이 무엇이라고 생각합니까? 찬양은 내게 어떤 의미가 있나요?

Q2 찬양을 부를 때, 어떤 마음으로 부릅니까?

Q3 찬송가를 부르면서 경험한 특별한 순간이 있다면 나누어 봅시다.

죄

　믿음을 갖기 전, 가장 받아들이기 힘들었던 것이 제가 '죄인'이라는 사실이었습니다. 어릴 적 교회에 가면 제게 죄인이라고 하는데, 도대체 왜 죄인인지 몰라서 힘들었지요. 어른들이 죄인이라고 하니까, 그런가 보다 하면서도 속으로는 이해되지 않았습니다.

　'대체 내가 왜? 무슨 큰 잘못을 저질렀나? 내 죄 때문에 예수님이 십자가에서 대신 돌아가셨다는데, 아무리 생각해 봐도 난 십자가에 달릴 만한 일을 한 적이 없는데….'

내가 '죄인'이라는 사실을 깨닫지 못하면, 예수님의 십자가는 나와 아무 관계 없는 일이 되어버립니다. '예수님이 나를 대신해 죽으셨다'라는 복음도 받아들일 수 없습니다. 왜냐하면 '나는 그렇게 큰 죄를 지은 적이 없다'라고 믿기 때문입니다.

결국 '십자가'와 '부활'은 내게 그저 오래전 중동 어딘가에서 일어난 신화 같은 이야기가 되버리는 거지요. 진짜 믿음은 내가 죄인임을 깨닫고, 죄에서 돌이키는 회개에서부터 시작된다고 생각합니다.

여러분은 자신이 죄인임을 언제 깨달았나요? 자연스럽게 알게 되었나요, 아니면 특별한 경험을 했습니까? 저는 23년 전에 제가 죄인임을 깊이 깨달았습니다. 대학에 들어가 하나님을 가장 멀리 떠나 있던 시절, 예상치 못한 순간에 죄에 대한 자각이 저를 훅 강타했습니다.

제가 무엇을 잘못해서 죄인인 게 아니라 제 존재 자체가 죄덩어리라는 생각이 들었습니다. 제가 가진 죄의 본성이 느껴졌지요.

'하나님 없어도 사는 데 아무 지장 없어.'

'이 정도면 나도 괜찮은 인간 아닌가?'

'하나님을 믿는 것보다 나를 믿는 게 사는 데 훨씬 도움이 돼.'

'돈으로 해결 못 할 게 어딨어.'

'나는 법 없이도 살 만큼 양심적이야.'

'내가 내 인생의 주인이지. 내 맘대로 하겠다는데 뭔 상관이야!'

이런 생각이 저를 지배하고 있었습니다. 그때 하나님께서 가까이 다가오셔서, 제 삶의 모든 순간에 스며든 죄를 보게 하셨습니다.

끔찍한 악행을 저질러서가 아니라, 하나님을 떠난 채 내 힘과 의지로도 충분히 잘 살 수 있다고 믿는 태도, 하나님의 기준이 아닌 내 기준대로 살아도 문제없다고 여기는 마음, 스스로 선하다고 착각하는 교만이 제 뿌리 깊은 죄였음을 깨달았습니다.

죄의 실체를 마주하자, 하나님 앞에 무릎 꿇을 수밖에 없었습니다. 죄는 거룩하신 하나님 앞에 설 때, 전부 드러납니다. 그때 비로소 십자가가 내 것이 되고, 예수님의 십자가 죽음이 나 때문임을 인정하게 됩니다.

자신이 죄인임을 알고 싶다면, 하나님의 거룩한 빛 앞에 정직하고 겸손히 서야 합니다. 말씀에 나를 비추어 내 안에 깊이 자리한 죄의 본성을 발견해야 합니다. 거기서부터 진짜 믿음이 시작됩니다.

모든 사람이 죄를 범하였으매

하나님의 영광에 이르지 못하더니

그리스도 예수 안에 있는 속량으로 말미암아

하나님의 은혜로 값없이 의롭다 하심을

얻은 자 되었느니라

로마서 3장 23,24절

시골의사
의사가 도대체 왜
하나님을 믿는거야?

Q1 내가 죄인인 걸 깨달았습니까? 어떻게 알게 되었나요?

Q2 죄인인 걸 자각하기 전과 후에 어떤 변화가 있다고 생각합니까?

Q3 지금 나를 사로잡고 있는 죄는 무엇입니까?

Q4 죄로부터 멀어지기 위해 어떤 노력을 하고 있나요?

순대

저는 순대를 참 좋아합니다. 겉은 쫄깃하고 속은 부들부들한 그 맛. 쌈장에 찍어 한입 베어 물면 짭짤한 감칠맛이 입안 가득 퍼지지요. 지금도 침이 꼴딱 넘어가지 않나요!

어린 시절에는 순대를 자주 먹을 수 없었습니다. 순대를 먹으려면 몸이 아파야 했습니다. 아프면 어머니가 저를 읍내 시장통에 있는 의원에 데려가셨고, 그곳에서 주사를 한 대 맞고 잘 참으면 순대를 사주셨습니다. 그 맛은 기가 막혔습니다. 비록 몸은 아프고 주사도 맞아야 했지만, 순대를 먹을 수 있어서 감사하고 행복했지요.

세월이 흘러, 이제는 매일 순대를 먹을 수 있는 형편이 되었습니다. 순대를 파는 곳도 많고, 차를 타고 맛집을 찾아갈 수도 있습니다. 그런데 어렸을 적 느꼈던 그 '기가 막힌 맛'은 사라졌습니다. 원하면 언제든 먹을 수 있다고 생각하니 순대는 그저 배고프면 대충 먹는 음식이 되어버렸지요. 어린 시절의 기다림도, 설렘도, 감사도 사라졌습니다.

몇 주 전, 비전트립을 다녀온 한 집사님의 간증이 마음 깊이 남았습니다.

"우리가 당연하게 여기고 별것 아니라고 생각했던 것들이 얼마나 소중하고 감사한 것이었는지를 선교지에서 깨달았습니다."

그 말씀이 제 가슴을 강하게 쳤습니다. 그러면서 20여년 전, 처음 하나님을 만났던 순간이 떠올랐습니다. 지금은 그때보다 삶이 훨씬 윤택하고 편해졌지만, 감사는 오히려 줄었고, 하나님의 존재와 그분의 사랑을 너무나 당연하게 여기는 제 모습을 발견했습니다.

'하나님이 믿어지는 게 당연한 것 아니야?'
'하나님은 나를 사랑하시니까, 당연히 나를 구원해 주셨지!'
'하나님이 내 삶을 인도해 주시고, 좋은 직장을 주시고, 건강을 주신 게 당연한 것 아니야?'
'겨울엔 따뜻하고, 여름엔 시원한 예배당에서 예배드리는 게 당연한 것 아니야?'

이것이 왜 당연합니까? 하나님 눈에 우리는 그저 한 명의 죄인에 불과합니다. 그런 나를 기억하셔서 상상할 수 없는 방법으로 만나주시고, 믿음을 주시고, 하나님을 "아버지"라고 부를 수 있는 권한을 주셨습니다. 이것은 하나님의 전적인 '은혜'입니다.

인생에 '당연한 것'은 단 하나도 없습니다. 우리가 당연하게 생각하는 이 '믿음'은 아무 데서나 대충 먹을 수 있는 순대 같은 음식이 아닙니다. 줄 서서 기다린다고 먹을 수 있는 맛집 음식도 아닙니다. 하나님의 작정하심이 없다면, 절대 받을 수 없고 누릴 수 없는 소중한 거지요.

이 사실을 기억한다면, 주님의 자녀 된 우리는 다시 감사와 감격을 회복하고, 거친 세상을 담대히 살아갈 수 있을 것입니다.

곧 창세 전에
그리스도 안에서 우리를 택하사
우리로 사랑 안에서
그 앞에 거룩하고 흠이 없게 하시려고
그 기쁘신 뜻대로 우리를 예정하사
예수 그리스도로 말미암아
자기의 아들들이 되게 하셨으니
에베소서 1장 4,5절

Q1 지금 내가 누리는 것 중 가장 좋은 건 무엇입니까? 나는 그것을 누릴 자격을 갖추었나요? 그렇게 생각하는 이유는 무엇입니까?

Q2 하나님이 나를 선택하시고 그분을 믿는 믿음을 주신 이유는 무엇입니까?

Q3 선교지에 가본 경험이 있나요? 어떤 생각이 들었는지 나누어 봅시다.

찬양대

찬양대석은 찬양을 부르는 무대가 아니라 하나님께 예배하는 제단입니다. 찬양대의 찬양은 사람의 귀를 즐겁게 하기 위한 노래가 아니라 하나님께 올려드리는 곡조 있는 기도요, 주님의 거룩하심을 경배하는 우리의 고백이며, 회중의 마음을 합하여 하나님 앞에 나아가는 통로입니다.

찬양대 연습은 흠 없는 제물을 찾기 위한 우리의 노력이며, 고운 가루를 만들고자 돌리는 맷돌의 헌신입니다. 찬양대원의 마음은 회중을 대표하여 기도하는 중보자의 마음이어야 하고, 삼위일체 하나님의 조화로움과 아름다움을 드러내며 서로 다른 소리를 하나로 만드는 화합의 마음이어야 합니다.

그러기 위해 자기 목소리가 아무리 좋아도, 그것을 드러내는 찬양이 되어서는 안 됩니다. 도리어 자신의 장점으로 다른 사람의 단점을 덮어주고, 자신의 강점으로 다른 사람의 약점을 채워주는 자세가 필요합니다.

하나님이 받으시는 예배는 무엇입니까? 하나님은 우리가 영과 진리로 예배하기를 원하시고, 우리의 삶을 거룩한 산 제물로 드리는 예배를 기대하시며, 상한 심령으로 주님 앞에 나아오는 예배를 받으십니다.

우리의 찬양이 아무리 화려하고, 탁월한 음향 기술과 웅장한 오케스트라가 더해진다 해도, 그 안에 하나님의 말씀이 없고, 말씀에 순종하는 삶이 없고, 죄를 통회하는 상한 심령이 없다면, 하나님께서 그 찬양을 과연 기쁘게 받으실까요?

가끔 지휘를 하다 보면 울컥할 때가 있습니다. 세상살이에 치여 지치고 고단한 모습으로 찬양대석에 앉아, 잘 나오지도 않는 목소리로 남은 힘을 짜내어 찬양하려 애쓰는 대원들을 볼 때 그렇습니다. 또, 따라오지 못하는 대원들이 지휘자에게 지적을 받을까 봐 대신 자기 목소리를 높여 부족함을 채워주려는 이들의 노력을 볼 때 감동합니다.

조용히 찬양을 부르다가 눈물을 흘리는 대원을 보면 저도 눈물이 납니다. 지휘대에 서 보면 안 보이던 게 보입니다. 어떤 마음으로 찬양대석에 앉아 있는지가 말이지요. 제게도 보이는데, 전능하신 하나님께서 모르실 리 없습니다.

하나님은 보이지 않는 영으로 우리 가운데 살아계십니다. 그분은 고막으로 찬양을 듣지 않으십니다. 목소

리나 음정, 박자에 집중하시는 게 아니라, 우리의 마음
과 중심을 먼저 살피십니다.

그러므로 가운을 걸치고 겉모습만 그럴듯해 보이는
찬양대가 아니라, 내면이 변화되어 주님 앞에 겸손히 서
는 참된 예배자가 되어야 합니다.

그러려면 먼저 화평해야 합니다. 구원의 기쁨으로 내
면을 채워야 합니다. 긍휼한 마음으로 서로를 바라봐야
합니다. 하나님이 기뻐하시는 찬양은 화려한 기술보다
준비된 영혼에서 비롯됩니다. 찬양대원은 '공연자'가 아
니라 진정한 '예배자'여야 합니다.

할렐루야
우리 하나님을 찬양하는 일이 선함이여
찬송하는 일이 아름답고 마땅하도다
시편 147편 1절

쉼과
섬김

직장생활을 하다 보면, 매일 같은 공간에서 같은 사람들과 같은 일을 정신없이 반복하다가 마음이 병들 것 같은 순간이 찾아옵니다. 거기에 마음이 맞지 않는 동료까지 있으면 견디기가 참 힘들지요. 그래서 저는 종종 이런 상상을 했습니다.

'한 달만 마음껏 쉴 수 있다면 얼마나 좋을까! 못 만난 친구도 만나고, 여행도 가고, 운동도 하고, 허리가 아플 때까지 늦잠도 자면 얼마나 행복할까!'

그러던 중 예상치 않게 두 달간 쉬게 되었습니다. 처음 며칠은 정말 좋았습니다. 그러나 한 달이 지나자 점점 우울해지고, 자존감이 낮아지며 사람을 만나는 일도 싫어지더군요. 마치 시든 나무처럼 내면이 메말라가는 느낌이었습니다. '나는 무가치한 인간이 아닐까?' 하는 생각이 올라오며 하루라도 빨리 휴식에서 벗어나고 싶었지요.

그때 깨달았습니다. 휴식만큼이나 '무언가를 하는 것' 또한 우리에게 꼭 필요하다는 것을요. 우리는 내가 있어야 할 자리가 있고, 나를 찾아주는 사람이 있을 때, 살아 있음을 강하게 느낍니다.

연말이면 많은 교회에서 일꾼을 세우거나 봉사자를 모집합니다. 매년 맡을 사람이 부족하다는 광고를 듣기도 하지요. 그런데도 누군가 삶이 너무 고단해서 주일만큼은 온전히 쉬고 싶다고 한다면, 그 마음을 존중하고 위로하며 안식할 수 있도록 해주면 좋겠습니다.

그러나 내 신앙이 시든 나무처럼 무기력하고 침체되어 있다면, 자원하여 교회의 빈자리를 채워보는 건 어떨까요. 교회학교 교사, 찬양대, 기관 임원, 사랑나눔회, 길거리 전도, 식당 봉사, 차량 봉사, 헌금 정리, 방송 봉사, 청소 봉사 등. 잠깐의 시간과 작은 손길이라도 좋습니다. 주님의 손과 발이 되어 교회를 세워갈 때, 우리는 영적으로 살아 있음을 경험할 수 있습니다.

중요한 건, 일을 잘해서 '성과'를 내는 게 아닙니다. 성도와 함께 웃고 울며 서로의 부족함을 채워주고, 예수님의 섬김을 닮아가는 것. 그것이야말로 주님이 기뻐하시는 모습이 아닐까요.

때가 아직 낮이매
나를 보내신 이의 일을 우리가 하여야 하리라
밤이 오리니 그때는 아무도 일할 수 없느니라
요한복음 9장 4절

Q1 일을 쉬는 건 내게 어떤 유익이 있습니까? 일을 쉬지 못하는 이유는 무엇인가요?

Q2 현재 교회에서 봉사의 자리에 있다면, 그것이 내게 어떤 의미가 있나요? 봉사하지 않고 있다면, 소망하는 섬김의 자리가 있나요?

Q3 교회에서 직분을 감당할 때, 어떤 마음이 드나요? 그 이유는 무엇인가요?

고시원

　의사가 되고 싶어 입시 준비를 위해 9개월간 고시원에 살았던 적이 있습니다. 창문이 있는 방과 없는 방이 있었는데, 없는 방이 2만 원 저렴해서 그쪽을 택했습니다.

　창문 없는 방에서 지내다 보니 낮인지 밤인지 알 수 없어서 아침에 일어나기가 훨씬 힘들었습니다. 피로가 누적되어 대상포진을 앓기도 했지요. 또 공용 냉장고에 어머니가 해주신 반찬을 넣어두면, 어느새 누군가 먹어 치웠고, 비상금으로 모아둔 주식은 리먼 브라더스 사태로 휴지 조각이 되어버렸습니다.

지인들에게는 차마 의사가 되고 싶어 공부한다고 말하지 못했습니다. 만약 떨어지면 창피함을 감당할 자신이 없었기 때문입니다. 나이 들어 다시 공부해야 하는 현실이 괴로웠고, 불확실한 미래가 두려웠습니다. 육체의 고단함보다 정신이 힘들고 지쳐갔습니다. 회사로 돌아갈 수만 있다면 돌아가고 싶었지요.

그런데도 끝까지 힘낼 수 있었던 이유는, 이 생활이 영원하지 않을 거라는 희망 때문이었습니다. 머지않아 의학을 공부하며 새로운 삶을 시작할 수 있으리라는 희망이, 그 갑갑한 생활을 견디게 했습니다.

의원에 가끔 외국 청년들이 옵니다. 그들을 보며, 고시원에서 공부했던 때가 떠올랐습니다. 동남아에서 온 청년들도 돈을 벌기 위해 좁은 숙소에서 합숙하며 매일 잔업과 야근을 합니다. 그래서인지 그들의 얼굴은 늘 어둡고 고단해 보입니다.

그런데 하루는 한 청년이 몹시 기분이 좋아 보여서 이유를 물었더니, 다음 주면 한국 생활을 마무리하고 고향으로 돌아간다고 했습니다. 그 청년도 언젠가 가족이 기다리는 집에 돌아갈 수 있다는 희망으로 혹독한 시간을 견뎌냈을 겁니다.

고3 학생은 자유로운 대학 생활을 꿈꾸며 최선을 다해 수능을 준비합니다. 군인은 제대 후의 행복한 삶을 바라보며 군 생활을 견딥니다. 직장인은 퇴근 후 자신을 반겨줄 아내와 자녀의 환한 얼굴을 떠올리며 하루를 버팁니다.

목회자는 하나님께서 영혼들을 변화시키실 그날을 기대하며 열심히 설교를 준비합니다. 환자는 건강을 회복할 수 있다는 희망으로 고통스러운 치료를 견뎌냅니다. 농부도 풍성한 수확을 고대하며 땀 흘려 씨를 뿌리고 정성껏 돌봅니다.

예수님을 믿는 그리스도인에게는 세상이 줄 수 없고, 알 수도 없는 더 큰 소망이 있습니다. 주님의 손을 붙들고 끝까지 주어진 삶을 살아낸다면, 언젠가 창문 없는 고시원 같은 인생을 마치고 영원한 자유가 있는 참된 고향에 이를 것입니다.

그곳에서 우리는 선하고 거룩하신 하나님과 함께 영원히 살 것입니다. 바로 이 소망이 있기에, 오늘도 우리는 남들이 가지 않는 십자가의 길을 묵묵히 걸어갈 수 있습니다.

우리가 잠시 받는 환난의 경한 것이
지극히 크고 영원한 영광의 중한 것을
우리에게 이루게 함이니
우리가 주목하는 것은 보이는 것이 아니요
보이지 않는 것이니 보이는 것은 잠깐이요
보이지 않는 것은 영원함이라

고린도후서 4장 17,18절

04

서스펜션

서스펜션(suspension)은 자동차의 주요 부품 중 하나입니다. 노면 충격과 진동을 흡수하여 승차감을 결정짓는 역할을 하지요. 이것이 제 역할을 못 하면, 도로의 모든 충격이 운전자에게 그대로 전달되어 경운기를 타는 듯한 느낌으로 도로를 달리게 됩니다.

서스펜션도 여러 종류가 있는데, 트럭에는 철판으로 만들어진 단단하고 강력한 서스펜션이, 승용차에는 철판보다 부드럽고 편안한 스프링 서스펜션이 사용됩니다. 그리고 고급 차에는 공기로 충격을 흡수하는 에어

서스펜션이 들어가 더욱 부드럽고 안락한 승차감을 제공합니다.

어느 날 문득, 우리 삶에도 좋은 서스펜션이 있으면 좋겠다고 생각했습니다. 혹시 여러분은 누군가의 분노와 불평불만을 끝까지 들어준 적이 있나요? 가정불화를 겪는 이를 안아주고 위로하며, 고난에 빠진 이에게 손 내밀어 본 적이 있나요? 피할 곳이 절실한 누군가에게 울타리가 되어준 적이 있나요? 그렇다면 여러분은 누군가의 '서스펜션'이 되어준 겁니다.

2천 년 전, 예수님은 우리의 서스펜션이 되어주셨습니다. 우리가 감당할 수 없는 죄와 사망의 무게를 그분이 홀로 짊어지고, 멸망의 충격을 십자가에서 직접 흡수하셨습니다. 그 은혜의 서스펜션 덕분에 지금 우리가 생명의 길을 함께 달려갈 수 있는 거지요.

우리는 예수님을 주인으로 모시고, 그분을 닮아가려는 그리스도인입니다. 예수님을 닮는다는 건 우리에게 다가오는 핍박과 고통, 분노와 미움을 외면하거나 튕겨내는 게 아닙니다. 오히려 긍휼한 마음으로 우리 안으로 흡수하고 견뎌냄으로써 화평을 세상에 전달하는 거지요.

신앙 공동체는 문턱을 낮추고 세상을 품어야 합니다. 예수님의 마음으로 아픈 자와 울고 있는 자들의 서스펜션이 되어주어야 합니다. 예수님의 시선으로 편견과 정죄 없이 소외된 자들에게 다가가 그들의 서스펜션이 되어야 합니다.

그러면 예수님을 몰랐던 사람도 인류의 죄를 짊어지신 그분을 만날 겁니다. 그리고 그들도 복음의 서스펜션을 의지하여 인생의 고단하고 거친 길을 달려갈 수 있을 것입니다.

새 계명을 너희에게 주노니

서로 사랑하라

내가 너희를 사랑한 것같이

너희도 서로 사랑하라

너희가 서로 사랑하면

이로써 모든 사람이

너희가 내 제자인 줄 알리라

요한복음 13장 34,35절

불공평

 학창 시절에 수학보다 영어를 좋아했습니다. 미국에 한 번도 가보지 않았지만, 영어를 능숙하게 구사하는 사람을 보면 왠지 멋있어 보였지요. 하루는 영어 공부를 하다가 생각했습니다.

 '왜 나는 미국에서 태어나지 않았을까? 우리는 수십 년간 영어를 배우려고 시간과 돈을 쓰고, 연수를 가고, 취업하려면 영어를 공부해야 하는데, 미국인은 이런 노력을 안 해도 되니 참 좋겠다.'

참 불공평하다는 생각이 들었지요. 우리는 살면서 이런 불평등한 현실 앞에 자주 멈춰 섭니다. 누군가는 평화로운 나라에 태어나 큰 어려움 없이 마음껏 먹고 누리며 살고, 또 누군가는 태어나자마자 가난과 질병, 배고픔을 견디며 오염된 물로 연명하며 하루를 버텨야 합니다.

'도대체 왜 세상을 이렇게 만들어 놓으셨나요?'

하나님께 따져 묻고 싶을 때, 예수님의 십자가가 떠올랐습니다. 죄 없는 분이 죄인을 위해 달리신 그 십자가.

사랑하던 제자들에게 배신당하고, 유대인과 로마인들에게 조롱받고, 불공평한 재판을 통해 머리엔 가시관이 씌워지고, 손과 발에 못이 박히고, 옆구리는 창에 찔림으로 머리부터 발끝까지 찢김을 당하여 완전한 죽음을 맞이하신 예수님. 세상을 창조하신 분이 피조물인 사람의 손에 의해 죄인의 자리에서 죽음을 맞으셨습니다.

바로 그 불공평함의 끝자리에서 우리는 구원을 얻었습니다. 죄인에서 의인으로, 사망에서 생명으로 옮겨졌습니다. 자격 없는 우리가 하나님의 자녀가 된 걸 기억한다면, 그 은혜의 불공평함에 감사할 수밖에 없습니다.

그래서 그리스도인은 단순히 믿음을 지키는 데 그치지 않고, 불공평한 세상 속에서 하나님의 공평하심을 드러내야 합니다. 우리의 도움이 누군가의 희망이 되고, 우리의 긍휼이 다른 이의 위로가 되며, 우리의 낮아짐이 누군가의 기쁨이 되고, 우리의 관심이 하나님의 사랑을 보여주는 통로가 되어야 합니다.

하나님의 사랑을 전하는 삶은, 내가 가진 걸 나누고 받은 은혜를 흘려보내는 삶입니다. 그 길 위에서 비로소 우리는 하나님의 공평하심을 세상에 나타내는 자가 됩니다.

그가 찔림은 우리의 허물 때문이요

그가 상함은 우리의 죄악 때문이라

그가 징계를 받으므로 우리는 평화를 누리고

그가 채찍에 맞으므로 우리는 나음을 받았도다

이사야서 53장 5절

Q1 세상이 불공평하다고 느끼나요? 어떤 점이 그렇다고 생각합니까?

Q2 내가 구원받은 일은 공평한 일입니까? 죄인인 나를 구원하시려 예수님이 죽으신 일은 공평한가요?

Q3 이런 세상에서 그리스도인은 어떻게 살아야 한다고 생각합니까? 어떤 역할을 해야 할까요?

나사렛

　대학병원에 근무할 때는 느낄 수 없었던 걸 시골에 개업하고 나서 경험했습니다. 대학병원에서는 환자들이 의사의 지시를 잘 따릅니다. 하지 말라고 하는 건 절대 안 합니다. 약 처방에 대한 불만이나 이의도 제기하지 않습니다. 부담스러울 정도로 순종적이지요.

　그런데 시골에 개업하니 환자들이 저를 의심부터 합니다. '젊은 의사가 얼마나 실력이 없으면 이런 곳에 개업했을까?' 하는 눈빛입니다. 그러다 보니 제가 하는 설명에 자주 의문을 품고 이의를 제기합니다. 자세히 설명할

수록 더 의심합니다. 그러고는 돌아서서 "큰 병원에 가서 물어봐야겠다"라고 하고는 오지 않습니다.

처음에는 이런 상황을 받아들이기 힘들었지만, 시간이 지나면서 익숙해졌는지, 저를 믿지 않는 환자를 위해 굳이 애쓰거나 관심을 두지 않게 되었습니다.

그러다 문득 예수님이 나사렛 마을에서 자신을 믿지 않는 주민들을 만난 일이 생각났습니다. 나사렛은 구약성경에는 언급조차 되지 않던 작은 동네입니다. '갈릴리 나사렛 출신'이란 말은 '제대로 교육받지 못한 사람'을 가리키는 표현이었지요.

"나사렛에서 무슨 선한 것이 날 수 있느냐."

나다나엘이 한 이 말이 당시 사람들의 편견을 그대로 보여줍니다. 예수님은 그런 동네에서 어린 시절을 보내셨습니다. 그리고 나사렛 사람들이 자신을 메시아로 인정하지 않을 걸 아셨음에도 고향을 방문하십니다. 그들은 눈앞에서 예수님의 지혜와 권위와 능력을 보았지만, 같은 동네에 사는 목수의 아들이 그들을 구원할 메시아일 리가 없다고 생각했지요.

세상으로부터 온갖 편견의 대상이었던 나사렛 주민들은 자신들도 편견에 사로잡혀 하나님의 아들을 알아보지 못했습니다. 그들의 편견이 진짜 메시아를 믿지 못하게 하고, 구원의 기회를 놓치게 한 겁니다.

여러분도 알게 모르게 편견에 사로잡혀 있지는 않나요? 편견은 진리를 왜곡합니다. 예수님을 있는 그대로 보지 못하고, 자기가 만든 틀에 맞춰 그분을 판단하게 합니다. 편견은 우리를 교만하게 합니다. 내가 맞고, 너는 틀렸다고 생각하게 합니다.

편견은 차별하게 합니다. 외모, 경제력, 학력, 출신지로 사람을 판단하고 선입견을 품게 합니다. 또한 신뢰를 무너뜨립니다. 소문과 오해, 갈등으로 서로를 믿지 못하게 만듭니다. 그러므로 믿음의 눈을 가리는 이 안개와 같은 편견에서 빨리 벗어나야 합니다.

그러려면 예수님의 시선으로 바라봐야 합니다. 은혜 가운데 살아야 하고, 겸손해야 합니다. 내 자아가 무너지고, 남을 나보다 낮게 여기면 편견도 사라집니다. 편견으로 가득 찬 '영적 나사렛'에서 벗어날 수 있습니다.

> 이 사람이 마리아의 아들 목수가 아니냐
> 야고보와 요셉과 유다와 시몬의 형제가 아니냐
> 그 누이들이 우리와 함께 여기 있지 아니하냐 하고
> 예수를 배척한지라
>
> 마가복음 6장 3절

· **시골의사 복음** ·

Q1 내가 만약 나사렛 주민이었다면 예수님을 메시아로 인정할 수 있었을까요? 그 이유는 무엇인가요?

Q2 현재 내 안에 교회 공동체나 성도를 향한 편견이 있다면 나누어 봅시다.

Q3 편견에 갇혀 남을 판단했다가, 나중에 그 편견이 깨진 경험이 있나요?

Q4 편견 없이 사람들에게 다가가려면, 어떻게 해야 할까요?

추석

저는 추석이 되면, 마음이 지치고 힘들더라도 부모님 품에 안기는 듯한 따뜻함과 풍성함을 느낍니다. 어릴 적 추석이 특별히 좋았던 이유는 무엇보다도 '용돈' 때문이었지요.

지금은 용돈을 주는 입장이 되어 설렘보다 부담이 앞서지만, 그 시절 받은 용돈이 왜 그리 좋았는지 생각해 보면, 아무 대가 없이 주어졌기 때문인 것 같습니다. 그저 가족이라는 이유로, 잘 자라주었다는 이유로 돈을 받아서 기분이 좋고 행복했습니다.

마찬가지로 하나님도 우리가 자격이 있어서가 아니라, 그분의 값없는 은혜로 우리를 구원하셨습니다. 우리는 그 은혜를 믿음으로 하나님의 자녀가 되었지요. 아무 대가나 조건 없이, 우리를 하나님의 자녀로 삼아주신 겁니다.

누군가 제게 대형 병원을 공짜로 선물해 준다 해도, 하나님께서 아무 대가 없이 저를 그분의 자녀 삼아주신 은혜와는 비교할 수 없습니다. 그런데도 나는 과연 그 가치를 제대로 알고 있는지 돌아보게 됩니다.

하나님께서 베푸신 구원의 은혜는 그 어떤 물질적 선물보다 크고 놀라운 것인데, 우리는 그것을 너무 당연하게 여기는 건 아닐까요!

예수님이 우리를 사랑하신 것처럼 가족을 사랑하고, 예수님이 우리 죄를 용서하신 것처럼 서로를 용서하며, 예수님이 흘리신 보혈을 기억했으면 좋겠습니다. 그러면 하나님의 자녀 된 기쁨과 감격이 더욱 커지지 않을까요.

너희는 그 은혜에 의하여
믿음으로 말미암아 구원을 받았으니
이것은 너희에게서 난 것이 아니요
하나님의 선물이라
행위에서 난 것이 아니니
이는 누구든지 자랑하지 못하게 함이라

에베소서 2장 8,9절

포도주

　성경에는 포도주가 자주 등장합니다. 당시 사람들은 우리가 생각하는 것보다 훨씬 포도주를 즐겨 마셨던 것 같습니다. 지금도 유럽에서는 물보다 포도주가 더 저렴하다는 이야기를 들은 적이 있습니다.

　포도주를 만들려면 먼저 좋은 포도가 있어야 합니다. 토양이 좋고, 햇볕이 적당하며, 기후가 일정한 환경에서 자란 좋은 품종의 포도를 오래도록 발효하고 숙성하면 좋은 포도주가 되지요.

'가나 혼인 잔치'를 기억하나요? 예수님은 그곳에서 물로 포도주를 만드셨습니다. 예전에는 단순히 '예수님은 하나님의 아들이시니 포도가 없어도 단번에 물로 포도주를 만드실 수 있겠지'라고만 생각했습니다. 그런데 어느 날 성경을 읽다가 이 구절이 떠오르는 겁니다.

"나는 참포도나무요 내 아버지는 농부라"(요 15:1).

예수님이 바로 포도나무셨던 겁니다. 그분은 자신을 통해 물을 포도주로 바꾸셨습니다. 아무 맛도, 향기도, 빛깔도 없던 물을 좋은 포도주로 변화시키셨지요.

그런데 우리는 어떤가요? 예수님을 만났다고 고백하면서도 변함없이 물로 남아 있진 않나요, 아니면 좋은 포도주로 변화되었나요? 여전히 아무 맛도, 향도, 빛깔도 없는 물처럼 살고 있다면, 자신을 돌아봐야 합니다.

예수님을 만나면, 그분이 직접 빚으신 포도주로 변화해야 합니다. 우리에게서 예수님의 향이 나야 합니다. 가까이 다가갈수록 짙은 사랑의 향기가 흘러나오고, 만나면 만날수록 헌신과 섬김의 맛이 우러나야 하지요. 멀리서 봐도 알아볼 수 있는 그리스도의 빛깔이 삶에 선명히 드러나야 합니다. 그리고 마실수록 기분 좋은 구원의 기쁨이 흘러나와야 합니다.

포도주를 만들려면 최소 6개월은 발효와 숙성을 해야 합니다. 좋은 포도주가 되려면 수십 년 동안 그 과정을 거쳐야 하지요. 하지만 예수님에게 숙성 따윈 필요하지 않습니다.

물이 예수님을 만나 한순간에 좋은 포도주가 되듯, 죄인이 예수님을 만나면 단번에 의인으로 불리고, 영원한 사망에서 영원한 생명으로 옮겨집니다.

물을 수십 년 숙성해도 스스로 포도주가 될 수 없듯, 우리 힘으로는 수천 년 기다려도 절대 변화될 수 없고, 하나님나라에서 영생을 누릴 수도 없습니다. 우리 인생이 예수님 손에 들릴 때, 단번에 새로워지고 향기로운 좋은 포도주가 되어, 세상에 기쁜 소식을 전하는 삶을 살수 있습니다.

예수께서 그들에게 이르시되
항아리에 물을 채우라 하신즉 아귀까지 채우니
이제는 떠서 연회장에게 갖다주라 하시매 갖다주었더니
연회장은 물로 된 포도주를 맛보고도
어디서 났는지 알지 못하되 물 떠온 하인들은 알더라

요한복음 2장 7-9절

• 시골의사 질문 •

Q1 예수님을 만났다고 고백하지만 여전히 변화되지 않은 모습이 있다면 어떤 것입니까?

Q2 '예수님을 믿는 자의 향기'란 무엇을 의미합니까? 내게서 그 향기가 납니까?

Q3 예수님을 믿지 않는 사람들에게 복음의 맛을 전하기 위해서 무엇을 할 수 있을까요?

헌금

    친구들에게 예수님을 전하면, 되돌아오는 단골 질문이 있습니다.

"교회 가면 십일조 꼭 내야 해?"

"헌금하면 다 목사님이 가져가는 거 아냐?"

"돈 없으면 교회 못 간다던데….'"

"예배당 들어갈 때 헌금부터 내야 한다며?."

"헌금 바구니를 돌린다던데….'"

함께 신앙생활을 하자고 했을 뿐인데, 정작 믿음보다

헌금 이야기를 먼저 꺼내는 친구들을 보면 마음이 갑갑해집니다. 동시에 세상 사람들이 교회와 성도를 어떤 시선으로 바라보는지, 그리고 그들의 삶에서 '돈'이 얼마나 큰 자리를 차지하는지도 짐작할 수 있습니다.

사실 저도 어릴 땐 어머니가 헌금하는 게 못마땅했습니다. 헌금 낼 돈을 아끼면 빚도 갚고, 자동차도 사고, 외식도 하고, 놀이동산에도 갈 수 있을 텐데, 왜 없는 형편에 굳이 헌금을 하시는지 이해할 수가 없었지요.

게다가 헌금했다고 당장 좋은 일이 생기는 것도 아니고, 복권에 당첨되거나 아버지가 진급하시는 것도 아닌데, 왜 해야 하는지 도무지 알 수 없었습니다.

여러분은 왜 헌금을 하나요? 안 하면 하나님이 벌 주실까 봐? 교회 운영에 보탬이 되려고? 성도들의 눈치가 보여서? 아니면 체면 때문에?

헌금은 '내 삶의 주인은 거룩하신 하나님이며, 돈은 내 종'임을 선포하는 믿음의 표현입니다. 돈이 모든 걸 해결할 수 있다는 사단의 속임을 정면으로 받아치며, 더 이상 돈의 유혹을 거부하겠다는 결단입니다.

헌금은 단순히 '돈을 드리는 일'이 아닙니다. 그 안에는 내 삶과 헌신이 담겨 있습니다. 헌금은 하나님을 향한 믿음의 고백이며, 탐욕이 아닌 사명을 따라 살겠다는 결단입니다. 이를 통해 우리는 돈에 지배받지 않고, 돈을 하나님의 뜻을 이루는 좋은 도구로 사용할 수 있습니다.

'돈' 자체를 미워하라는 게 아닙니다. 문제는 '돈을 사랑함'입니다. 성경은 이것이 일만 악의 뿌리가 된다고 말씀합니다. 물론 쉽지 않습니다. 저도 자주 흔들리고 넘어집니다. 그러나 끊임없이 훈련해야 합니다.

나도 모르게 내가 삶의 주인이 되고 돈이 나를 지배하려 할 때, 단호히 돌아서야 합니다. 하나님을 의지하며 그분께 내 삶의 주도권을 완전히 넘겨드려야 합니다. 실패해도 다시 일어서야 합니다. 그럴 때 우리는 돈을 충실한 종으로 삼을 수 있습니다.

한 사람이 두 주인을 섬기지 못할 것이니
혹 이를 미워하고 저를 사랑하거나
혹 이를 중히 여기고 저를 경히 여김이라
너희가 하나님과 재물을 겸하여 섬기지 못하느니라

마태복음 6장 24절

• 시골의사 질문 •

Q1 헌금한다는 건 내게 어떤 의미가 있나요?

Q2 돈의 종이 된다는 건 어떻게 사는 걸 의미하나요?

Q3 돈을 종으로 삼는다는 건 어떻게 사는 건가요?

Q4 마태복음 19장 16-30절을 묵상하고, 느낀 점을 나누어 봅시다.

벌

날씨가 더우면 벌에 쏘인 이들이 종종 의원을 찾습니다. 벌도 꿀벌, 땅벌, 말벌, 호박벌 등 종류가 참 많더군요. 벌에 쏘이면 대부분 붓고 아프고, 하루 이틀 고생하다가 좋아집니다. 하지만 1년에 꼭 한두 명은 '급성 아나필락시스 반응'을 보입니다. 벌의 종류와 상관없이 단 한 방만 쏘여도 사망하는 경우지요.

이런 분들은 의원에 들어올 때부터 모습이 다릅니다. 어지러워하고 식은땀을 흘리며 기력이 떨어져 연달아 하품을 합니다. 그러다 갑자기 경련을 하고 거품을 물다가 의식을 잃습니다. 이때 필요한 건 '에피네프린 주사'입니다. 사경을 헤매던 사람도 이 주사 몇 대면 언제 그랬냐는 듯 금방 좋아집니다. 그래서 저는 만약을 대비해 에피네프린을 늘 구비합니다. 하나도 못 쓰고 유통기한이 지나 폐기할지언정 말입니다.

작은 벌 한 마리가 사람을 죽음에 이르게 할 수 있다는 게 무섭고 놀랍지 않나요! 문득 이런 생각이 들었습니다.

'작아 보이는 죄도 나를 죽음으로 이끌 수 있겠다.'

벌 독이 내 몸에 들어와 면역계를 자극하면, 순식간에 연쇄 반응을 일으켜 몸의 항상성을 파괴해 죽음에 이를 수 있습니다. 마찬가지로 내 죄가 이웃의 죄를 불러오고 죄의 연쇄 반응을 일으켜 경건의 항상성을 무너뜨리면, 공동체 전체를 죄의 구렁텅이로 몰아넣을 수 있습니다. 바늘 도둑이 소도둑 되는 것처럼 말입니다.

최초의 인간 아담은 사람을 죽이지도, 폭행하지도 않았습니다. 그러나 하나님께서 먹지 말라고 하신 선악과를 따먹음으로써 하나님의 말씀에 불순종했습니다. 그는 하나님보다 뱀의 말을 더 신뢰했고, 하나님처럼 되고 싶다는 교만한 욕망을 품었습니다.

이 불신과 교만과 반역의 죄는 그의 아들 가인에게 이어져 형제를 죽이는 살인죄로 발전했고, 온 인류를 사망의 연쇄 반응 속으로 밀어 넣었습니다.

그러나 모두가 죽어가던 그때, 하나님의 처방이 주어졌습니다. 우리를 위한 에피네프린, 바로 예수 그리스도십니다.

예수님은 인류의 죄를 대신 짊어지시고 하나님께 완전히 순종하심으로 십자가에서 죽으셨습니다. 그분의 순종이 아담의 불순종에서 시작된 사망의 연쇄 반응을 끊어내고, 우리를 다시 생명의 하나님께 연결해 주었습니다.

오늘도 우리 안에는 작은 죄들이 조용히 연쇄 반응을 일으키고 있습니다. 그것을 끊는 방법은 단 하나, 예수님의 말씀을 매일 우리 안에 주입하고, 믿음으로 받아들이는 겁니다. '말씀'이라는 에피네프린이 우리를 죽음에서 건져냅니다.

그러므로 한 사람으로 말미암아

죄가 세상에 들어오고

죄로 말미암아 사망이 들어왔나니

이와 같이 모든 사람이 죄를 지었으므로

사망이 모든 사람에게 이르렀느니라

로마서 5장 12절

• 시골의사 질문 •

Q1 작은 죄가 점점 커지는 경험을 한 적이 있나요?

Q2 성경을 얼마나 자주 읽나요? 말씀을 읽음으로써 죄의 유혹을 물리친 경험이 있나요?

Q3 성경을 부지런히 읽고 암송해야 하는 이유는 무엇이라고 생각합니까?

전도

　가끔 전도를 합니다. 방법은 다양하지만, 주로 간식 거리를 준비해서 자주 오는 환자들에게 나누어 주며 말합니다.

　"저는 예수님을 믿는 사람입니다. 예수님 믿으면 하나님나라에 갈 수 있습니다. 환자분도 함께 갔으면 좋겠습니다."

　어르신들이 가장 알아듣기 쉬운 말로 예수님을 전합니다. 아무한테나 전하는 건 아니고, 제 얼굴을 적어도 백 번

이상 보신 고령인 분이 대상입니다.

때로는 제가 관심을 갖고 반복해서 예수님 이야기를 전하는 분도 있는데, 그 기준은 단순히 제 직감을 따릅니다. 평소 종교에 관심이 있거나 삶이 힘겨워 보이거나 의지할 무언가를 찾는 이들과 대화를 나누다 보면, 예수님 이야기를 해야겠다는 느낌이 옵니다.

전도를 시작한 지는 얼마 되지 않았습니다. 처음에 예수님 이야기를 할 때는 뭐부터 어떻게 말해야 할지도 모르겠고, 어찌나 부끄럽고 어색한지 입이 잘 떨어지지 않더군요. 그런데 친한 분들 위주로 조금씩 말하다 보니, 어색함이 점점 사라졌습니다.

한편으론 저를 이상한 사람으로 생각할까 봐 걱정도 많았는데, 동네 의사라서 그런지 거부감 없이 잘 들어주십니다. 실제로 예수님을 믿겠다고 한 몇 분에게는 손잡고 기도를 해드렸습니다. 그리고 몇 분은 곧 교회에 다니실 것 같습니다. 그리고 한 분은 현재 근처 교회에 출석하고 계십니다.

더 신기한 건, 그 분이 또 다른 할머니를 교회에 데리고 가신다는 겁니다. 그 할머니에게도 제가 분명히 예수님을 전했는데, 제 말에는 콧방귀를 뀌던 할머니를 어떻게 설득하신 건지 주일마다 두 분이 같이 교회에 가십니다. 딸이 수십 년간 권해도 안 가던 할머니가 친구 따라 신앙생활을 하시는 게 참 신기합니다.

여러분은 살면서 가족, 친구, 직장 동료, 이웃에게 예수님을 한 번이라도 전한 적이 있나요? 처음에는 부끄럽고 어색하고 이상한 기분이 들 겁니다.

'내가 세상 사람들과 똑같이 살아온 걸 다들 아는데, 예수님을 전하면 도리어 하나님을 욕보이는 게 되지 않을까?'

이런 두려움이 들 수 있어요.

"네가 예수님을 믿는다고?"

조롱 섞인 말을 들을 수도 있습니다. 전도를 '내가' 한다고 생각하면 이런 말을 듣는 게 힘들 수도 있지요. 하지만 우리는 예수님을 전할 뿐, 감동을 주시는 이는 '하나님'이십니다. 자격 없는 우리는 그저 내 안에 계시는 성령님을 힘입어 말할 뿐, 전도하시는 이는 하나님이심을 기억하면 좋겠습니다.

나는 심었고 아볼로는 물을 주었으되
오직 하나님께서 자라나게 하셨나니
그런즉 심는 이나 물 주는 이는 아무것도 아니로되
오직 자라게 하시는 이는 하나님뿐이니라
고린도전서 3장 6,7절

• 시골의사 질문 •

Q1 다른 사람에게 예수님을 전해본 적이 있습니까?

Q2 우리는 왜 예수님을 전해야 할까요?

Q3 예수님을 전하지 못하고 있다면, 이유가 무엇입니까?

Q4 내가 가진 능력 가운데 예수님을 가장 잘 전할 방법은 무엇
입니까? 그 능력을 어떻게 사용하고 있나요?

밥

  우리 교회는 예배 후 함께 점심을 먹습니다. 메뉴는 김치, 멸치, 어묵, 미역국 정도로 단출하지만 정말 맛있습니다. 식사를 함께하면서 일주일 동안 별일 없었는지, 요즘 어떤 생각을 하는지, 힘든 일은 없는지 등 서로 안부를 묻고 답하기도 하지요. 이 점심 식사까지도 예배의 시간이 아닐까 생각합니다.

  함께하는 식사에는 배부름을 넘어 닫힌 마음을 여는 힘이 있습니다. 남자가 좋아하는 여자에게 가장 먼저 맛있는 밥을 사주고 싶어 하는 것도 아마 그런 이유에서일 겁니다.

예수님도 '함께 먹는 시간'을 중요하게 여기셨습니다. 자신을 따르는 배고픈 무리를 외면하지 않으시고 적은 물고기와 떡으로 수천 명을 먹이셨습니다. 십자가 죽음을 앞두시고는 모든 제자를 불러 떡을 떼셨고, 부활하신 후에도 갈릴리 바닷가에서 일곱 제자에게 조반을 차려주셨습니다.

구약의 제사 중에는 하나님과 인간 사이 화평과 연합이 이뤄졌음을 감사하며 드리는 '화목제'가 있습니다. 이 제사는 다른 제사와 달리 제사장 뿐 아니라 제사를 드린 자도 함께 음식을 먹을 수 있고, 음식을 먹어야 하는 시간에 제한을 두어서 제사를 마치고 그들은 함께 모여 음식을 나누어 먹기 시작했을 겁니다.

그 자리에 모인 이들은 함께 고기를 나누며 이런저런 이야기를 나누었을 겁니다. 서로를 격려하고, 위로하고,

때로는 잘못을 고백하고 용서를 구하기도 했을 겁니다. 그러면서 화목을 이루었겠지요. 교제하는 가운데 용서 받고 위로받으며 기쁨이 흘러넘쳤을 겁니다.

하나님께서는 이 제사를 통해, 하나님과 인간 사이의 화목뿐 아니라 성도 간의 화평과 교제도 이루길 원하셨습니다. 화목제를 '잔치 제사'라고도 부르는 이유가 이 때문이겠지요.

요즘 도시의 큰 교회들은 이렇게 함께 밥을 먹는 시간을 갖기 어려운 곳이 많다고 합니다. 성도가 너무 많아 그 인원을 수용할 공간을 마련하지 못하거나, 식권을 사야만 밥을 먹을 수 있는 곳도 있지요.

저는 어릴 적 친구들과 신나게 놀다가 "배고픈데 교회 가서 밥 먹자!"라고 했던 추억이 있습니다. 그래서인지 누구든 와서 먹을 수 있는 '공짜 교회 밥'이 점점 사라지는 현실이 마음 아픕니다.

함께 밥을 먹으며 서로의 안부를 묻는 시간이 사라지면서, 무엇을 중보해야 할지조차 모르는 상황이 안타깝습니다.

예수님의 피로 우리는 아무 대가 없이 구원받았습니다. 우리도 기꺼이 '잔치 예배'를 준비하여 이웃과 성도들에게 아무 대가 없이 기쁨과 위로를 나눠줄 수 있었으면 좋겠습니다.

날마다 마음을 같이하여 성전에 모이기를 힘쓰고
집에서 떡을 떼며 기쁨과 순전한 마음으로
음식을 먹고 하나님을 찬미하며
또 온 백성에게 칭송을 받으니
주께서 구원받는 사람을 날마다 더하게 하시니라

사도행전 2장 46,47절

Q1 혼자 밥을 먹을 때와 함께 먹을 때, 어떤 점이 다른가요? 무엇을 더 선호합니까?

Q2 식사하며 교제하는 시간이 기다려집니까, 아니면 피하고 싶습니까? 이유는 무엇인가요?

Q3 성도나 이웃과 화목한 관계를 유지하고 있나요? 그렇지 않다면 이유가 무엇입니까? 화목하기 위해 어떤 노력을 할 수 있을까요?

Q4 예수님은 우리로 하나님과 화목하게 하시려고 무엇을 하셨습니까?

현수막

하루는 교회 가는 길에 골목과 교차로에 걸린 수많은 현수막을 보았습니다.

"앞동네 ○○○의 자녀 서울대 합격 경축"
"뒷동네 ○○○의 자녀 교수 임용 경축"
"○○고등학교 졸업 ○○○ 장군 진급 경축"

대부분 누군가의 성취를 축하하는 내용이었습니다. 잘 모르는 사람들인데도 괜히 흐뭇했고, 한편으로는 부럽기도 하더군요.

사람은 누구나 가족이나 지인의 업적을 자랑하고 싶은 마음이 있나 봅니다. 저도 딸아이가 처음 알파벳을 읽을 수 있게 되었을 때, 구구단을 다 외웠을 때, 친구들에게 자랑하고 싶었으니까요.

교회에서도 무분별한 자식 자랑을 막으려고 '자랑할 때마다 1만 원 내기'라는 규칙을 만들었다는 이야기를 듣기도 했습니다. 자랑이 우리에게 기쁨을 주기도 하지만, 시기와 상처를 낳기도 하기 때문이겠지요.

그런데 그 현수막들을 보며 문득 이런 생각이 들었습니다.

"앞동네 하나님의 자녀 ○○○, 예수님 믿고 구원받다, 경축!"
"뒷동네 하나님의 자녀 ○○○, ○월 ○일 세례받다, 경축!"

이런 현수막은 걸 수 없을까? 내가 하나님의 자녀가 된 것, 하나님이 내 아버지가 되어주신 것보다 더 큰 자랑이 어디 있을까?

여러분은 어떤가요? 자신이 '예수 믿는 사람'임을 드러내며 살고 있나요? 그리스도인의 자랑은 세상의 자랑과 본질적으로 다릅니다. 세상은 업적, 재력, 지위, 인기 등 힘과 능력으로 자신을 드러냅니다.

그러나 그리스도인에게 자랑은, 자기를 부인하고 예수님이 십자가에서 보여주신 은혜를 삶으로 나타내는 겁니다. 세상은 높아지는 게 자랑이지만, 그리스도인은 낮아지는 게 자랑입니다.

물론 매 순간 자신이 하나님을 믿는 사람임을 드러내는 일은 쉽지 않습니다. 예수님을 따라 죽을 각오를 했던 베드로조차도 결국 그분을 세 번이나 부인했으니까요. 믿음을 드러내는 삶에는 많은 제약과 불이익이 따를 수도 있습니다. 이전처럼 내 마음대로 살기 어려울 겁니다.

　　그러나 예수님의 십자가 죽음이 내 죄 때문임을 기억하면, 그 은혜가 우리를 침묵하게 내버려두지 않을 겁니다. 우리의 삶이 하나님의 살아있는 현수막이 되었으면 좋겠습니다. 나를 자랑하는 게 아니라, 십자가를 자랑하고, 하나님의 영원한 사랑과 구원의 은혜를 널리 알리는 삶 말입니다. 세상의 자랑은 누군가를 불편하게 만들 수 있지만, 십자가의 자랑은 누군가에게 위로와 소망이 되기 때문입니다.

　　그러나 내게는
　　우리 주 예수 그리스도의 십자가 외에
　　결코 자랑할 것이 없으니
　　그리스도로 말미암아 세상이 나를 대하여
　　십자가에 못 박히고
　　내가 또한 세상을 대하여 그러하니라

　　갈라디아서 6장 14절

• 시골의사 질문 •

Q1 현수막에 내 이름이 걸린다면 기분이 어떨까요?

Q2 자기 자랑을 해본 경험이 있나요? 나는 어떤 기분이 들었고, 듣는 사람은 어떤 기분이 들었을 것 같나요?

Q3 내게 '예수님의 십자가'는 어떤 의미인가요? 주변 사람들에게 예수님에 대해 자랑해 본 적이 있나요?

Q4 내 삶이 '예수님의 현수막'이 된다는 건, 무엇을 의미합니까?

잡초

촌집 관리는 결코 쉬운 일이 아닙니다. 마당이 있고, 정원이 있고, 텃밭까지 있다면, 수고는 더 커집니다. 물론 그 과정을 즐기는 사람들도 있지만, 시간이 지날수록 점점 부담을 느끼기 마련이지요.

우리 가정에도 작은 텃밭이 딸린 휴식 용도의 촌집이 하나 있습니다. 손 봐야 할 곳이 한두 군데가 아니지만, 그중에서도 가장 골칫거리는 '잡초 관리'입니다. 씨를 뿌린 적도 없고, 물이나 거름을 준 적도 없는데 잡초는 어김없이 무성하게 자랍니다. 뜨거운 햇볕에도 죽을 줄 모듭니다. 뽑는 것도 하루 이틀이지, 뽑는 속도보다 새순이 나는 속도가 훨씬 빠릅니다.

잡초가 무성해지면 그 사이로 각종 벌레가 숨어들어 지나가는 사람을 물기도 합니다. 발이 많은 지네는 보기만 해도 소름이 끼치고, 진드기는 병균을 옮기며, 모기는 사람을 고통스럽게 합니다.

하루는 잡초에게 본때를 보여주기로 결심했습니다. 큰맘 먹고 예초기와 제초제를 여러 통 장만하여 인정사정없이 잡초를 밀어냈습니다.

잘리는 잡초를 보며 묵은 스트레스가 날아가는 듯했고, 제초제를 구석구석 뿌리며 다시는 잡초가 올라오지 않을 거라는 희망을 품었지요. 그런데 문득 잘려 나가는 잡초를 바라보며 내 마음속에도 자라고 있는 죄의 잡초들이 떠올랐습니다.

저는 죄의 씨앗을 뿌린 적이 없는 것 같은데, 시도 때도없이 죄가 솟아납니다. 물을 준 적도, 거름을 준 적도없는데, 죄는 풍성히 자라 저를 덮어버립니다. 눈으로 짓는 죄, 입술로 짓는 죄, 몸과 생각으로 짓는 죄들이 잠시도 저를 가만두지 않습니다.

그리고 그 죄 사이를 비집고 다니는 벌레 같은 행동들… 지네처럼 남들에게 혐오감을 주고, 진드기처럼 마음의 병균을 퍼뜨리며, 모기처럼 남의 피를 빨아먹고 있는 건 아닐까 생각합니다.

그나마 다행인 것은, 그리스도인은 이 죄를 잘라낼 강력한 예초기, '하나님의 말씀'이 있습니다. 말씀은 날카로운 칼날이 되어 내 영혼을 찌르고 쪼개며, 날마다 자라는 거친 죄악의 잡초를 잘라낼 수 있습니다. 또한 제초제처럼 죄의 싹이 자라지 못하도록 억제하는 능력이 있습니다. 그러나 승리의 기쁨도 잠시, 잠깐 방심하면 죄는 다시 자라기 시작하지요.

그래서 우리는 매일 영혼의 제초 작업을 해야 합니다. 죄의 잡초가 나를 뒤덮도록 내버려두어서는 안 됩니다. 이것이 매일 하나님의 말씀을 읽고 묵상하며 내면을 비추어 보아야 하는 이유입니다.

예수님을 닮은 포도나무가 되고 싶은데 말씀에 비추어 보니, 제 모습은 영락없는 잡초입니다. 하나님의 집에서 자라는 푸른 감람나무가 되고 싶은데, 어느새 열매도, 향기도 없는 잡초의 모습으로 살아가는 저를 발견합니다.

그러나 포기할 수는 없습니다. 조금씩이라도 변해야 합니다. 시냇가에 심긴 나무가 철을 따라 열매를 맺고 그 잎이 마르지 않듯, 우리도 말씀을 즐거워하며 주야로 묵상하고 그 말씀에 뿌리를 내려야 합니다. 말씀의 생명수가 죄의 잡초를 눌러 자라지 못하게 하고, 우리로 선한 열매를 맺는 예수님 닮은 나무가 되게 할 것이기 때문입니다. 이것이 바로 우리의 소망입니다.

복 있는 사람은

악인들의 꾀를 따르지 아니하며

죄인들의 길에 서지 아니하며

오만한 자들의 자리에 앉지 아니하고

오직 여호와의 율법을 즐거워하여

그의 율법을 주야로 묵상하는도다

그는 시냇가에 심은 나무가

철을 따라 열매를 맺으며

그 잎사귀가 마르지 아니함 같으니

그가 하는 모든 일이 다 형통하리로다

시편 1편 1-3절

Q1 촌집에서 작은 텃밭과 정원을 가꾸고 싶은 로망이 있나요? 그 이유는 무엇입니까?

Q2 마음속에 죄의 잡초가 자라난다고 느낍니까? 가장 큰 잡초는 무엇인가요?

Q3 말씀을 매일 읽고 묵상해야 하는 이유는 무엇입니까? 지금 그렇게 하고 있나요?

닫는 글

제가 쓴 글들을 책으로 엮으려고 다시 읽어보다, 문득 자신감이 사라졌습니다. 적은 대로 살지 못하는데, 마치 성숙한 신앙인인 것처럼 보일까 봐 마음이 불편했습니다.

유튜브 영상을 찍을 때도 비슷한 마음이 듭니다. 저는 그저 평범한 신앙인이며, 평범한 아빠이자 남편일 뿐입니다. 그런데 댓글을 읽다 보면 사람들이 저를 특별한 사람으로 대하는 듯해 늘 부담스럽고, 때로는 그것이 위험하다는 생각이 들었습니다.

제가 바라는 삶은 그저 하나님 앞에서 조금 더 정직하고,

조금 더 경건하고, 조금 더 화를 참고, 조금 더 욕심을 내려 놓고, 조금 더 이웃을 돌아보고, 조금 더 나누는 삶입니다.

이 책은 제가 무언가를 가르치려는 글이 아닙니다. 한 평범한 신앙인이, 하나님 앞에서 조금이라도 더 좋은 모습으로 서고 싶어 몸부림친 기록일 뿐입니다.

혹시 이 책을 읽는 분들 가운데 비슷한 마음을 가진 분이 있다면, 저와 함께 주님 앞에 조금만 더 열심을 내면 좋겠습니다. 함께 넘어지고, 함께 일어나며, 함께 걸어가는 길 위에서 주님이 우리를 붙들어주실 것입니다. 그 사랑의 손길을 믿고 기대하며 살면 좋겠습니다.

그러므로 이제 나는 하나님 아버지께
무릎을 꿇고 기도합니다.
하늘과 땅에 있는 성도는 그분께로부터
참 생명의 이름을 받은 자들입니다.
하나님께서 크신 영광 가운데 성령을 통해
그분의 능력으로 여러분의 속 사람을
튼튼하게 하여주시기를 기도합니다.
믿음을 통해 그리스도께서
여러분의 마음 가운데 살아계시기를 기도합니다.
또한 여러분의 삶이 사랑 안에서 강하여지고,
또 깊게 뿌리내려 모든 성도들이
그리스도의 크신 사랑을 깨닫게 되기를 기도합니다.
그분의 사랑이 얼마나 한없고 넓으며,

얼마나 깊고도 높은지를
진정으로 깨닫게 되기를 기도합니다.
그리스도의 사랑을 어느 누가 잴 수 있겠습니까?
그러나 그 사랑을 체험하여 하나님의 충만함이
여러분의 마음속에 채워지기를 기도합니다.
우리 가운데 일하시는 하나님께서는
우리가 구하고 생각하는 것보다
훨씬 더 많은 것을 채워주실 것입니다.
교회와 그리스도를 통해 구원을 이루어 가시는
하나님께 영원히 영광을 올려드립니다. 아멘.

에베소서 3장 14-21절 쉬운성경

시골의사 복음

초판 1쇄 발행	2025년 10월 13일
초판 2쇄 발행	2025년 10월 17일

지은이　시골의사

펴낸이　여진구
책임편집　김아진 배예담
편집　이영주 진효지 최현수 구주은 안수경 김도연
책임디자인　정은혜 남은진 | 마영애 노지현 조은혜
마케팅　김상순 강성민　　　　　　　마케팅지원　최영배 정나영
제작　조영석 허병용　　　　　　　　경영지원　김혜경 김경희 김영하

303비전성경암송학교 유니게 과정
이슬비전도학교 / 303비전성경암송학교 / 303비전꿈나무장학회

펴낸곳　규장

주소　06770 서울시 서초구 매헌로 16길 20(양재2동) 규장선교센터
전화 02)578-0003　　팩스 02)578-7332
이메일 kyujang0691@gmail.com　　　　홈페이지 www.kyujang.com
페이스북 facebook.com/kyujangbook　　인스타그램 instagram.com/kyujang_com
카카오스토리 story.kakao.com/kyujangbook
등록일 1978.8.14. 제1-22

ⓒ 저자와의 협약 아래 인지는 생략되었습니다.
이 출판물은 저작권법에 의해 보호를 받는 저작물이므로 무단 전재와 무단 복제를 할 수 없습니다.

책값　뒤표지에 있습니다.
ISBN 979-11-6504-655-2 03230

규 | 장 | 수 | 칙

1. 기도로 기획하고 기도로 제작한다.
2. 오직 그리스도의 성품을 사모하는 독자가 원하고 필요로 하는 책만을 출판한다.
3. 한 활자 한 문장에 온 정성을 쏟는다.
4. 성실과 정확을 생명으로 삼고 일한다.
5. 긍정적이며 적극적인 신앙과 신행일치에의 안내자의 사명을 다한다.
6. 충고와 조언을 항상 감사로 경청한다.
7. 지상목표는 문서선교에 있다.

하나님을 사랑하는 자 곧 그의 뜻대로 부르심을 입은 자들에게는 모든 것이 合力하여 善을 이루느니라(롬 8:28)

규장은 문서를 통해 복음전파와 신앙교육에 주력하는 국제적 출판사들의
협의체인 복음주의출판협회(E.C.P.A:Evangelical Christian Publishers
Association)의 출판정신에 동참하는 회원(Associate Member)입니다.